JN036919

日本の美をたずねて

大人

絶景旅

札幌

小樽 富良野 旭山動物園

街歩きMAP

&

旭山動物園MAP

CONTENTS

神恵内村役場
竜神岬
盃温泉
泊村
泊村役場
雷電国道
堀株川

古平川
仁木町役場
仁木駅
仁木町
余市ワイナリー
余市駅
余市
余市
浅原硝子製造
冷水峠
大黒山
赤井川村
役場
道の駅 あかいがわ
赤井川村
小樽川

稲穂峠
余市川
P.60 二見
P.60 大黒屋
P.60 J・gla
P.60 定山源泉
P.60 足のふれあい太郎

共和町
函館本線
銀山駅

道の駅いわない 276
共和町役場
国富
岩内町役場
229
229
倶知安町
本倶登岳

雷電温泉
雷電岬
いわない温泉
岩内町
岩内岳
393
P.110
三島さんの芝ざくら庭園

朝日温泉
雷電山
276
ワイス温泉
旭ヶ丘公園
北3西1
倶知安駅
倶知安町役場

道の駅
シェルプラザ・港
尻別川
ニセコ グラン・ヒラフ サマーゴンドラ
ニセコ五色温泉
P.110 ニセコ高橋牧場ミルク工房
ニセコ
アンヌプリ
名水の郷きょうごく
道の駅
京極町役場
京極

寿都町
ソーランライン雷電国道
寿都湾
蘭越町
蘭越町役場
ニセコグランドホテル
昆布温泉
ニセコ
駅
ニセコ町役場
後方羊蹄山
ふきだし公園
5
ニセコ P.110

朱太川
目名駅
昆布川温泉
昆布駅
蘭越駅
道の駅ニセコビュープラザ P.110
真狩村
尻別岳
喜茂

道の駅
らんこし・
ふるさとの丘
ニセコ町
レストラン マッカリーナ
P.110
道の駅真狩
フラワーセンター
真狩村役場
留寿都村役場
道の駅 23
登
ルスツリゾート
留寿都

道の駅
くろまつない
目名峠
昆布岳
昆布岳
豊浦町

黒松内駅
黒松内町
レイクヒル・ファーム
道の駅とうや湖
洞爺湖町

函館本線
黒松内町役場
黒松内
黒松内Jct
礼文華峠
サイロ展望台
中島
P.63
洞爺湖
北

黒松内岳
黒松内南
静狩駅
静狩峠
静狩PA
37
230
豊浦
豊浦噴火湾PA
洞爺湖
壮
洞爺湖汽船 P.63
壮瞥町役場
道の駅そう
壮

長万部
長万部駅
長万部町役場
長万部町
豊浦駅
豊浦町役場
道の駅とようら
洞爺駅
洞爺湖町役場
昭和新山熊牧場
有珠山
有珠山ロー
伊達温泉
伊達市
道の駅だて歴
伊達

内浦湾
(噴火湾)
ザ・ウィンザーホテル
洞爺リゾート&スパ
道の駅あぶた
有珠駅
アルトリ岬
西山山麓火口散策路
P.63 わかさいも本舗 洞爺湖本店
P.63 岡田屋
伊達紋別駅
長流川
伊達市役所
有珠山
道央自動車道
37

230
国縫
国縫駅
道央自動車道
函館本線
大沼国道
白鳥大橋
道の駅みたら室蘭
室蘭市役所
室蘭市

八雲町
八雲駅

絶景
ナビ
ニセコ

羊蹄山を望む世界的な
リゾート地。スキー場や
温泉が人気
▶P.110

神威岬 かむいみさき
▶P.108
積丹半島の突端にある岬で、絶景を見られる

小樽 おたる

積丹 しゃこたん

日本海

大人気でおなじみ

余市・小樽・
積丹・
ニセコ

周辺MAP

N
0 5 10km

札幌街歩きMAP

N

北海道大学 P.48

ポプラ並木

北海道大学植物園

西11通り

西11丁目通り

230

札幌市資料館

230

北大通り

大通公

西11丁目駅

← 西18丁目駅へ 13丁目 12丁目 11丁目 石山通り 10丁目 9丁目 南大通り 8丁目

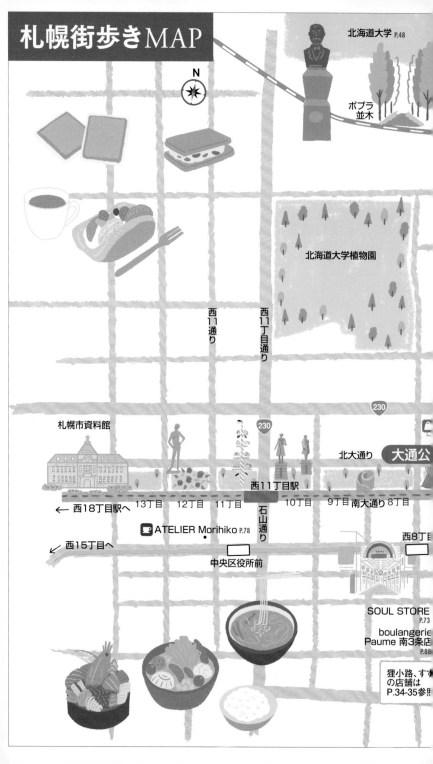ATELIER Morihiko P.78

← 西15丁目へ

中央区役所前

西8丁

SOUL STORE
P.73

boulangerie
Paume 南3条店
P.88

狸小路、す
の店舗は
P.34-35参照

札幌農学校
第2農場

JRタワー

JRタワー展望室 T38
P.59

札幌駅

ステラプレイス

ステラプレイス

JRタワーホテル日航札幌

大丸札幌店

北海道四季マルシェ P.86

札幌エスタ

六花亭 札幌本店 P.82

佐藤水産本店 P.84

松尾ジンギスカン
札幌駅前店
P.59

さっぽろ駅

さっぽろ駅

地下鉄東豊線

道庁・

北海道庁旧本庁舎
（赤れんが庁舎）P.54

札幌駅前通り

地下鉄南北線

赤れんが
テラス

雪印パーラー P.77

創成川

大通ビッセ
・きのとや大通公園店
・きのとやカフェ P.83

北菓楼 札幌本館 P.83

ta art shop P.87

札幌市時計台
P.47

ISHIYA
札幌大通本店 P.82

さっぽろテレビ塔
P.28、59

2丁目

地下鉄東西線

大通駅

6丁目 5丁目 4丁目

3丁目

1丁目

バスセンター前駅へ

札幌市電

サンドイッチの店
さえら P.59

どんぐり大通店 P.88

西4丁目

札幌三越

丸井今井札幌本店大通館

BARISTART
COFFEE P.79

大丸藤井

パルコ

味の三平
P.66

boulangerie coron
丸井今井 札幌店 P.88

魚屋の台所
二条市場店
P.68

SOUP CURRY KING
セントラル P.59

本陣狸大明神

二条市場 P.68

piccolina P.87

狸小路

狸小路

月と太陽BREWING
本店 P.59

すすきの

nORBESA

スープカリー イエロー
P.73

資生館小学校前

すすきの

すすきの交差点

札幌市内交通路線図

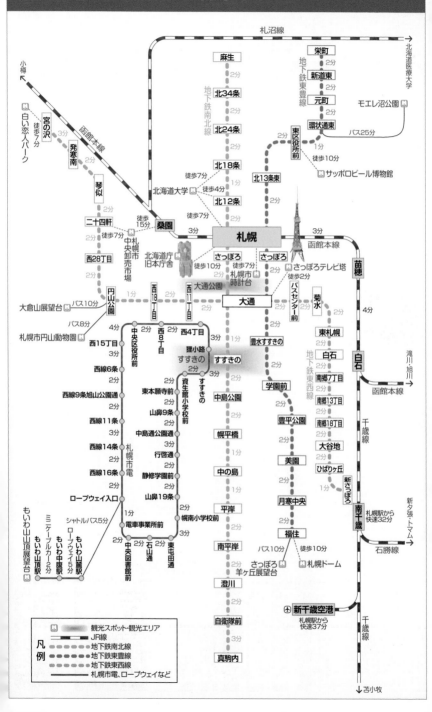

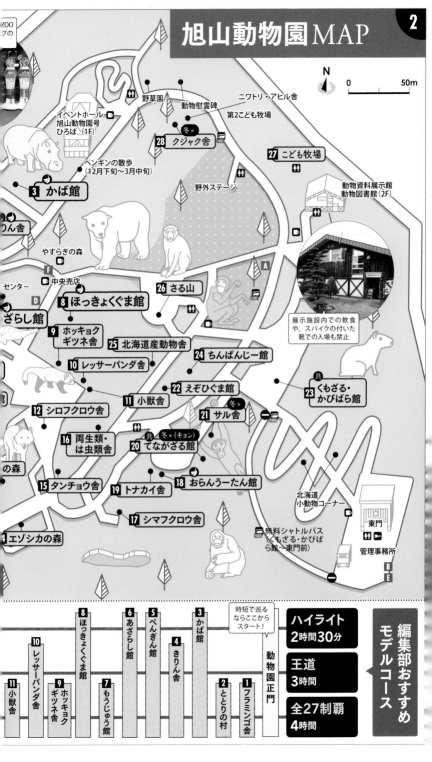

旭山動物園MAP

2

N
0　　　　　50m

野草園
動物慰霊碑
ニワトリ・アヒル舎
第2こども牧場

イベントホール
旭山動物園号
ひろば（1F）

28 クジャク舎

27 こども牧場

ペンギンの散歩
（12月下旬〜3月中旬）

3 かば館

野外ステージ

動物資料展示館
動物図書館（2F）

やすらぎの森

中央売店

26 さる山

展示施設内での飲食
や、スパイクの付いた
靴での入場も禁止

センター

ざらし館

8 ほっきょくぐま館

9 ホッキョク
ギツネ舎

25 北海道産動物舎

24 ちんぱんじー館

共
23 くもざる・
かぴばら館

10 レッサーパンダ舎

22 えぞひぐま館

11 小獣舎

12 シロフクロウ舎

21 サル舎 冬×

16 両生類・
は虫類舎

20 共 冬×（キョン）
てながざる館

の森

15 タンチョウ舎

19 トナカイ舎

18 おらんうーたん館

北海道
小動物コーナー

4 エゾシカの森

17 シマフクロウ舎

無料シャトルバス
（くもざる・かぴばら館〜東門前）

東門

管理事務所

編集部おすすめモデルコース

時短で巡るならここからスタート！

ハイライト 2時間30分

王道 3時間

全27制覇 4時間

8 ほっきょくぐま館
6 あざらし館
5 ぺんぎん館
3 かば館
動物園正門

10 レッサーパンダ舎
7 もうじゅう館
4 きりん舎
2 ととりの村
1 フラミンゴ舎

11 小獣舎
9 ホッキョクギツネ舎

岩見沢市

P.80
ジン鍋アートミュージアム

山町
町役場
田

二町役場

1仁町
274

川端
274

道の駅あびら D51ステーション
富分駅

安平町

安平駅
スパーク P.58
安平町役場
234

央
平
川

厚真
駅

鵡川
鵡川駅
むかわ四季の館
むかわ町役場

平洋

平洋

笏湖
(こっこ)
▶ P.61

めろん城
夕張市石炭博物館
夕張市役所
バリー屋台
幸福の黄色いハンカチ
想い出ひろば
若菜

452

夕張メロンドーム
新夕張駅
道の駅夕張メロード
夕張

夕張川

夕張市

シューパロ湖

夕張シューパロダム

大夕張トンネル

むかわ穂別
274

石勝線

夕張岳

屏風山

湯の沢温泉

金山駅
237
金山ダム
金山峠
花人街道

道の駅自然体感しむかっぷ
穂別トンネル
占冠トンネル

占冠駅
占冠村役場
占冠

東鹿越駅
知川 かなやま湖

幾寅駅

社満射岳
幾寅峠

P.12,146 雲海テラス
星野リゾート トマ

道東自動車道

占冠村

237
巨大ヒグマのオブジェ
日高峠

274

石勝樹海ロード

道の駅樹海ロード日高

日高町

厚真ダム

むかわ町穂別博物館

厚真川

厚真町役場

厚真町

むかわ町

似灣峠

にぶたに湖

義経公園

平取町役場

日高富川

日高門別
日高町役場
235

ハッタオマナイ岳

細別川

穂別川

日高国道

平取町立二風谷アイヌ文化博物館
二風谷ダム
義経峠

237

沙流川

仁世宇川

額平川

桂峠

リビラ山

糠平山

日高町

門別川

日高自動車道

太陽の森 ディマシオ美術館

新冠町

笹山

新冠

新冠
シュン

厚別川

日高厚賀

道の駅サラブレッドロード新冠
新冠町役場

サラブレッド銀座通り
静内二十間道路桜並木

前川庭園

新ひだか町役場
静内温泉

235

新

冬でも凍らない、透明
度抜群の支笏湖。ヒメ
マスが名物

堺町通りストリートMAP

小樽街歩きMAP

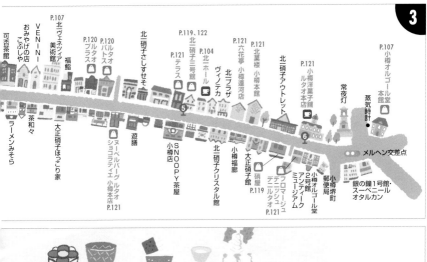

P.107 小樽オルゴール堂 本館
P.121 小樽洋菓子舗 ルタオ本店
P.121 北菓楼 小樽本館
P.121
P.119、122 六花亭 小樽運河店
P.104 北一ホール
北一硝子三号館
P.121
北一硝子さしすせそ
P.120 ルタオ パトス
P.120 ルタオ プラス
P.107 北一ヴェネツィア 美術館

可否茶館
おみやげの店 こぶしや
VENINI
ラーメンみそら
茶和々
大正硝子ほっこり家
福鮨
遊膳
ヌーベルバーグ ルタオ ショコラティエ 小樽本店
小樽硝子 SNOOPY茶屋
北一硝子館
北一硝子クリスタル館
北一プラザ
ヴィノテカ
北一硝子福廊
硝屋
フロマージュ デニッシュ デニルタオ P.121
小樽オルゴール堂 2号館 アンティーク ミュージアム
P.119
北一硝子アウトレット
小樽堺町 郵便局
常夜灯
蒸気時計
メルヘン交差点
銀の鐘1号館・ スーベニール オタルカン

北一硝子 小樽本館

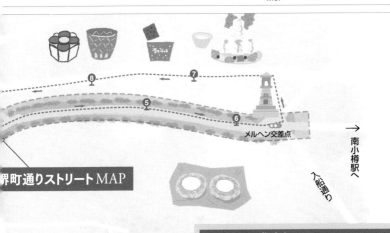

メルヘン交差点

→ 南小樽駅へ

入船通り

堺町通りストリート MAP

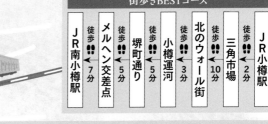

街歩きBESTコース

JR小樽駅 → 徒歩2分 → 三角市場 → 徒歩10分 → 北のウォール街 → 徒歩3分 → 小樽運河 → 徒歩5分 → 堺町通り → 徒歩5分 → メルヘン交差点 → 徒歩7分 → JR南小樽駅

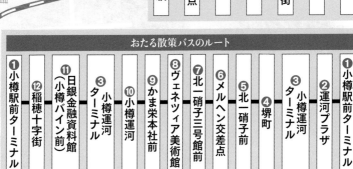

おたる散策バスのルート

❶小樽駅前ターミナル → ❷運河プラザ → ❸小樽運河ターミナル → ❹堺町 → ❺北一硝子前 → ❻メルヘン交差点 → ❼北一硝子三号館前 → ❽ヴェネツィア美術館 → ❾かま栄本社前 → ❿小樽運河 → ⓫日銀金融資料館(小樽バイン前) → ⓬稲穂十字街 → ❶小樽駅前ターミナル

落合駅

南ふらの
越駅~新得駅間
中
国道
落合岳

根室本線

トマム

狩振岳

ベンケヌーシ岳

ルベシベ岳

チロロ岳

ビバイロ岳

戸蔦別岳

幌尻岳

ナメワッカ岳

ンナップ岳

バンベツ山

高見
ダム

ナイ山

か町

三石川

佐幌岳

ウエスタン
ビレッジ サホロ

サホロリゾートホテル

道の駅ピア21しほろ

38

狩勝峠

新得そばの館

三部牧場

NPO法人どんころ野外学校

新得町役場

新得駅

音更町

鹿追町役場
道の駅しかおい

独立行政法人
家畜改良センター十勝牧場

音更の白樺並木

241

十勝清水駅

十勝清水

清水町

日勝峠

御影駅

274

清水町役場

道東自動車道

十勝平原SA

芽室

芽室

スイートピア・ガーデン

音更町役場

筒井温泉

長流枝PA

音更帯広

道の駅おとふけ

帯広Jct

十勝が丘展望台
十勝が丘公園

十勝千年の森
P.152

清水町営育成牧場
清水円山展望台

剣山

芽室町

美生ダム

伏美岳

伏美湿原

川北温泉

芽室帯広

芽室町
役場

芽室駅

西帯広駅

道の駅ガーデンスパ十勝川温泉

帯広市役所

真鍋庭園

帯広川西

帯広市

戸蔦別川

戸蔦別川

神威岳

十勝幌尻岳

エサオマントッタベツ岳

札内川
ダム

とかちリュウタン湖

コイカクシュサツナイ岳

1839峰

ペテガリ岳

中ノ岳

八千代牧場

紫竹ガーデン

中札内村
役場

六花の森

道の駅なかさつない

十勝野フロマージュ

中札内農村休暇村
フェーリエンドルフ

更別

カムイエクウチカウシ

札内川
岳

カムイコタン公園

236

十勝川温泉

十勝川
温泉

根室本線

幕別町役場

根室本線
P.152

十勝ヒルズ

愛国駅（愛国交通記念館）

幕別町

236

幸福駅（幸福ふれあい広場）

幸福

とかち
帯広空港

中札内

中札内美術村

ピッツェリア Tuka

更別村役場

更別村

道の駅
さらべつ

広尾国道

236

ナウマン
温泉

道の駅
忠類

忠類

忠類大樹

大樹町

大樹町役場
道の駅
コスモール大樹

236

大森ガーデン

236

広尾町

336

広尾町役場
フンベの滝

楽古川

野塚川

農似川

歴舟川

▶ P.12,146

絶景
ナビ

雲海テラス
（うんかい）

運がよければ目の前を
雲が流れる幻想的な光
景が見られる

電気自動車のシルバーシャトル。イラストがかわいい

夏季のみの営業。軽食類が充実している

園内限定[...]は東門や[...]前な[...]

C 旭山動物園くらぶ正門shopとパン小屋は隣接

I 西門から入って左手にあるFarm Zoo

正門近くにあり、さまざまなグッズが揃う。東門にもある

旭川駅・旭川空港行バス停 **B**

西門

正門売店　いこいの広場

B G H **I**

正門

A C I

冬× **1** フラミンゴ舎　　冬× **2** ととりの村

5 ぺんぎ

7 もうじ

13 オ

主なショップ＆レストランリスト（※2022年12月現在）

A 旭山動物園くらぶ　正門shop・東門shop
（テイクアウト・おみやげ）

B 旭山動物園東門レストラン　カムイチカプ
（イートイン・テイクアウト）

C 旭山動物園くらぶパン小屋
（テイクアウト）

D 旭山動物園中央食堂
（イートイン・テイクアウト）

E テイルン・テイル（おみやげ）

F Zoo shop（おみやげ）

G ZOOショップCoCoLo（おみやげ）

H ZOOキッチンCoCoLo（イートイン）

I Farm Zoo（夏季のみ）（イートイン・テイクアウト・おみやげ）

アイコン一覧

🚻 トイレ

🏠 休憩所

🛅 コインロッカー

共生展示

もぐもぐタイム

冬× 冬は見られない

通行止め

動物園正門

冬の間は屋内展示場へ

空中散歩は夏季のみ

25 北海道産動物舎

24 ちんぱんじー館

22 えぞひぐま館

途中、東門まで行って軽食休憩するのもあり

18 おらんうーたん館

日常で見られるは虫類の展示も

14 エゾシカの森

13 オオカミの森

ふれあいタイムをあらかじめチェックしておこう

28 クジャク舎

27 こども牧場

26 さる山

23 くもざる・かぴばら館

21 サル舎

20 てながざる館

19 トナカイ舎

17 シマフクロウ舎

16 両生類・は虫類舎

15 タンチョウ舎

日本の美をたずねて

大人
絶景旅

'23
—
'24
年度

この景色に出合いたかった

札幌 小樽 富良野
旭山動物園

CONTENTS

大人絶景旅 '23-'24年度

札幌 小樽 富良野 旭山動物園

4分冊で読める全コースプラン
写真で選ぶ絶景旅ガイド
'23-'24年度

本書は、「絶景で選ぶ、絶景を旅する。」をコンセプトに、
日本の美しい景色や伝統、名物名品を巡るガイドブックです。
厳選したスポットをそのまま巡れるコースを
提案しているので無理なく無駄なく、
大人の絶景旅を満喫してほしいと思います。

【表紙の写真】
フラワーランドかみふらの
Taizo Takei
(Grupo PICO)

取り外せる
付録

● 札幌市内交通路線図
● 旭山動物園 MAP
● 小樽街歩き MAP
● 札幌街歩き MAP
● 絶景ドライブ MAP

本書の使い方

データの見方

☎ = 電話番号	所 = 所在地
時 = 営業時間 開館時間	レストランは開店〜ラストオーダーの時間、施設は最終入館・入場時間を表示しています。
休 = 休み	原則として年末年始、臨時休業などは除いた定休日のみを表示しています。
料 = 料金	入場や施設利用に料金が必要な場合、大人料金を表示しています。
交 = 交通	最寄り駅またはバス停とそこからの所要時間を表示しています。

MAP P.00A-0	その物件の地図上での位置を表示しています。
P = 駐車場	駐車場の有無を表示しています。
▶ P.38	本書で紹介しているページを表します。

【ご注意】

本書に掲載したデータは2022年10〜11月に確認した情報です。新型コロナウイルス感染症の影響により見学不可、運休、開催中止などの場合があります。また、店舗の営業日、営業時間の変更などがあることをご了承ください。発行後、内容が変更される場合がありますので、お出かけの場合は最新情報をご確認ください。

営業時間や休みは原則として、通常の営業時間・定休日を記載しています。祝日や年末年始、新型コロナウイルス感染症などで、紹介内容が異なる場合があります。

料金は、特記以外は取材時点の税率をもとにした消費税込の価格を記載しています。税別の場合のみ（税別）と表記しています。

★ホテル料金はサービス税など、各ホテルにより異なります。料金は2名1室利用の場合の1名あたりの最低料金です。

★本誌に掲載された内容による損害等は弊社では補償しかねますので、予めご了承ください。

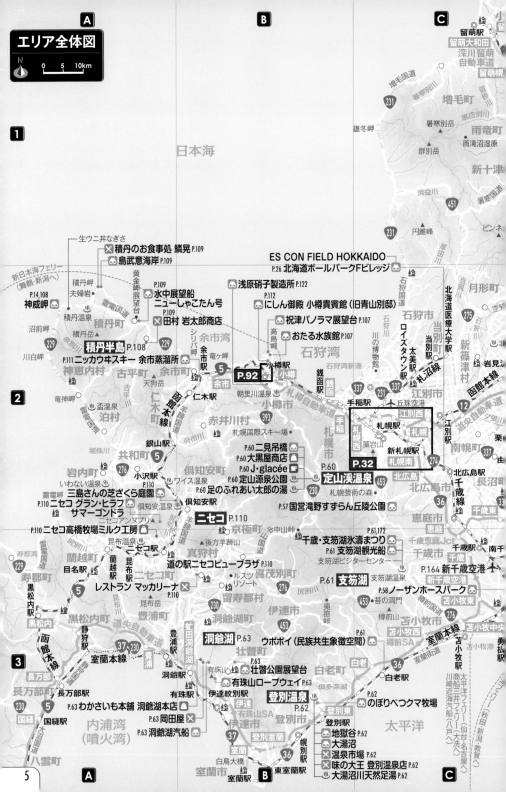

エリア全体図

N

0　5　10km

A　**B**　**C**

1

日本海

小　留萌駅
留萌大和田
深川留萌
自動車道
留萌幌
231　増毛町
暑寒別岳
231　雨竜町
雨滝沼湖原
群別岳　新十津
451　北海道縦貫自動車道
浜益川
231　円錐峰
月形町
厚田川

生ウニ丼なぎさ
☓積丹のお食事処 鱗晃 P.109
🏛島武意海岸 P.109
ES CON FIELD HOKKAIDO
P.26 北海道ボールパークFビレッジ🏛
🏛浅原硝子製造所 P.122
札　北海道医療大学駅
石狩市
275
積丹岬
夫婦岩　黄金岬展望台 P.109
🏛水中展望船 ニューしゃこたん号 P.109
🏛にしん御殿 小樽貴賓館(旧青山別邸) P.112
当別駅　ロイズタウン駅　新篠津村
新日本海フェリー(舞鶴・新潟へ)
P.14,108 神威岬
☓田村 岩太郎商店 P.109
🏛祝津パノラマ展望台 P.107
当別町　太美駅　函館本線
岩見沢
積丹温泉　積丹岬
シリパ岬　余市湾　🏛おたる水族館 P.107
石狩湾新港　石狩湾
石狩湾新港　12
積丹岳
余市駅　高島岬　石　の博物館　江別市　337
川白岬　積丹半島 P.108
余市駅　竜ヶ岬　小樽駅
🅿P.92
手稲駅　丘珠空港　江別西　江別駅
南幌町
神恵内村　229　P.111 ニッカウヰスキー 余市蒸溜所P.109
5　小樽　銭函駅　浅　337　231　337　札幌駅
札幌　新札幌駅
栗

2

竜神岬
古平町　余市町　余市　朝里川温泉駅　札幌自動車道
盃温泉　仁木駅　赤井川村　小樽市　手
札幌駅　札幌東　江別西　札幌　札幌
雷電国道　泊村　393　札幌国際スキー場　藻岩山
銀山駅　新札幌南
🅿P.32
北広島
いわない温泉
岩内町　276　ワイス峠
P.60 二見吊橋
P.60 大黒屋商店
P.60 J・glacée
P.60 定山渓源泉公園
P.60 足のふれあい太郎の湯
P.60 定山渓温泉
札幌芸術の森
北広島駅
千歳線
長沼町
雷電国道
🏛ニセコ グラン・ヒラフ サマーゴンドラ P.110
P.110 ニセコさんの芝ざくら庭園
倶知安温泉　倶知安駅　230
P.57 国営滝野すずらん丘陵公園🏛
恵庭市　恵庭
千歳恵庭Jct　千歳東　南千
P.110 ニセコ高橋牧場ミルク工房🏛
ニセコアンヌプリ
ニセコ P.110
京極町
後方羊蹄山
P.61,172 千歳・支笏湖氷濤まつり
P.61 支笏湖観光船
支笏湖ビジターセンター
千歳市　千歳
P.164 新千歳空港✈
寿都湾
蘭越町　昆布温泉　真狩村
ルスツリゾート
276　尻別川　支笏湖
P.61 支笏湖　🏛ノーザンホースパーク
新千歳空港
229　目名駅　蘭越駅　ニセコ駅　喜茂別町
P.61
苫小牧東
寿都町
レストラン マッカリーナ P.110
留寿都村
462　昆布の洞窟
美笛峠
276
黒松内駅　豊浦駅　230　洞爺湖町
伊達市
453
樽前山　苫小牧市
室蘭本線
苫小牧中央
黒松内　静狩駅　道央自動車道　虻田洞爺湖
ウポポイ(民族共生象徴空間)　樽前SA　勇払駅　勇払

3

函館本線
230
長万部町　長万部駅
室蘭本線
豊浦
洞爺湖 P.63
壮瞥町
P.63 壮瞥公園展望台
🏛有珠山ロープウェイ P.63
白老町　白老　室蘭街道
36　苫小牧市
千歳
5
国縫　国縫駅
P.63 わかさいも本舗 洞爺湖本店🏛
🏛P.63 岡田屋
🏛P.63 洞爺湖汽船
有珠駅　伊達紋別駅
伊達　有珠山SA
伊達市
登別温泉 P.62
白老駅
川崎汽船
太平洋　太平洋フェリー(仙台・名古屋へ)
商船三井フェリー(大洗へ)
八雲町
230
内浦湾
(噴火湾)
37　室蘭　幌別駅
登別室蘭　登別市　登別東
登別駅　🏛のぼりべつクマ牧場 P.62
🏛地獄谷 P.62
🏛大湯沼 P.62
🏛温泉市場 P.62
☓味の大王 登別温泉店 P.62
🏛大湯沼川天然足湯 P.62
室蘭本線
白鳥大橋
室蘭市　室蘭　東室蘭駅
秋田・新潟
太平洋フェリー
(秋田・新潟へ)

A　**B**　**C**

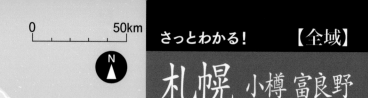

札幌・小樽・富良野エリアを巡る
旅のコツがひと目でわかる！

0　　　　50km

N

宗谷本線

□名寄駅

比布JCT

JR石北本線

遠軽駅

旭川・紋別自動車道

旭川駅
✈旭川空港
JR富良野線

富良野駅

トマム駅

道東自動車道

帯広JCT

帯広駅

✈とかち帯広空港

ラベンダーと田園風景

富良野 美瑛
（ふ らの）（び えい）
旭山動物園
（あさひ やま どう ぶつ えん）
▶P.123

観光の コツ 旭川空港を拠点にレンタカーで巡ると効率がいい。富良野は北から上富良野、中富良野、富良野、南富良野の町村があり、美瑛から富良野までは約36km。青い池やラベンダーのシーズンは混雑するので行動は早めがベター。

絶景 ナビ

● ファーム富田 ▶P.132
● 白金 青い池 ▶P.136
● フラワーランドかみふらの
● 四季彩の丘 ▶P.140 ▶P.138
● 旭川市旭山動物園 ▶P.148

キホン 3 ## 札幌〜旭川は想像以上に離れている

札幌と旭川は約140km離れている。東京からだと甲府や日光、大阪からだと伊勢の距離。特急利用で1時間25分、バスで2時間25分。

キホン 4 ## 交通系ICカードの相互利用でスムーズに移動

SuicaやPASMO、ICOCAなど全国の交通系ICカードがJR北海道、札幌の地下鉄や市電などで利用できる。利用可能エリア外の場合はきっぷの購入が必要。

キホン 5 ## 公共交通機関のフリーパスや1日券を利用

ジェイ・アール北海道バスの札幌圏内路線1日乗り放題は、小樽を往復するなら割安。地下鉄や市電は土・日曜の利用に限りのお得な1日券がある。

移動

キホン 1 ## 旅のプランで交通手段をセレクト

札幌市内や小樽の観光では、電車やバスで移動したほうが駐車場を探す手間が省け、気軽に観光できる。富良野や美瑛を巡るにはレンタカーが便利。

キホン 2 ## 定期観光バスで観光スポットを効率よく巡る

札幌市内からの定期観光バスは、郊外の観光スポット、旭山動物園、積丹半島、支笏湖と洞爺湖など、多彩なコースがある。

キホン 6 ## 事前予約や時間差で行列回避

食べる

観光地の店や人気店はランチやディナータイムに行列ができることがある。オープン前に並ぶか、ピーク時間をずらすか、予約可能なら事前に予約するのがベター。

╲ ベスト3 / 名物はコレ

1 海鮮丼　　2 ラーメン　　3 ジンギスカン

小樽運河とスイーツ散歩
小樽
<small>（お　たる）</small>
▶P.89

**観光の
コツ** 観光スポットの小樽運河、堺町通りはJR小樽駅から徒歩圏内。多くの見どころ、飲食店、ショップなどもそのエリアに集まっている。札幌から日帰りで行くことができる。

**絶景
ナビ**

●小樽運河 ▶P.98
●北のウォール街 ▶P.102
●北一ホール ▶P.104
●ステンドグラス美術館 ▶P.105

開拓の歴史と絶品グルメ
札幌
<small>（さっ　ぽろ）</small>
▶P.27

**観光の
コツ** 北海道最大の都市。京都を参考に都市計画されたため、大通公園を中心に碁盤の目状に道がのびわかりやすい。主な見どころ、中心部の飲食店は徒歩で巡れる。

●大通公園 ▶P.42
●札幌市時計台 ▶P.47
●北海道大学イチョウ並木 ▶P.48
●さっぽろ羊ヶ丘展望台 ▶P.52
●もいわ山山頂展望台 ▶P.52

**絶景
ナビ**

深川留萌自動車道
JR留萌
深川JCT
道央自動車道
滝川駅
JR函館本線
小樽駅
JR函館本線
札幌駅
JR室蘭本線
JR函館本線
JR札樽自動車道
ニセコ
千歳恵庭JCT
千歳駅
新千歳空
定山渓温泉
支笏湖
黒松内JCT
洞爺湖
JR日高本線
黒札内新道
苫小牧駅
JR室蘭本線
登別温泉
日高自動車道
JR室蘭本線
JR函館本線
室蘭駅
道央自動車道
新函館北斗駅
函館駅
JR北海道新幹線

**キホン
9** 🛍 **買う**

喜ばれる
北海道限定みやげはコレ！

酪農王国北海道のお菓子は外国人にも大人気。札幌には有名菓子店の旗艦店があり、新千歳空港にも多くの店舗が支店を展開。北海道限定品や北海道ブランドの銘菓を販売している。

＼ベスト3／
人気はコレ

1 白い恋人
2 マルセイバターサンド **3** ドゥーブルフロマージュ

**キホン
7** **日曜定休の店が
意外と多い**

札幌市内の飲食店、特にすすきのエリアは日曜定休の店が多い。事前に定休日を確認して予定を立てよう。

**キホン
8** **グリーンシーズン
のみ営業の店がある**

富良野や美瑛のレストランやカフェは、観光シーズンが終わると店を閉め、GW前まで営業しない店がけっこう多い。オフシーズンに行くなら確認を。

大人
絶景旅

至るところで壮大な景色に出合え
る北海道。海や山、丘、町並みと
それぞれ印象に残る絶景が見られ
る。四季折々にがらりと変わる表
情も北の大地の魅力だ。

花畑
flower garden

初夏の丘に
彩りを添える
雄大なガーデン

波打つ丘をカラフルに染める花々は、北海道を象徴する夏の風景。4月下旬、道南に桜前線が到達するといよいよ春の始まりだ。5月中旬には美瑛や富良野の花畑にも春の花が見られるようになり、気温の上昇とともにさまざまな花が彩りを添えていく。四季彩の丘は、花畑の美しさもさることながら、その先に広がる雄大な丘風景と十勝岳連峰が唯一無二の絶景だ。

［美瑛］
四季彩の丘（しきさい おか）
美瑛の丘が華やかなストライプになるスケールの大きな花畑。トラクターバスも運行。
▶P.140

9

フラワーランド
かみふらの [富良野]
ルピナスやラベンダーほ
か約300種類の花が咲く。
トラクターバスも運行。
▶ P.138

花暦で楽しむ
春から夏への
移り変わり

春になると道路脇や空き地などにもルピナスが咲く。6月中旬、フラワーランドかみふらのではルピナスの色とりどりの長い穂が空に向かって伸びるメルヘンな風景が見られる。7月中旬になるとファーム富田の彩りの畑が見事な虹色となり、同時にラベンダーの絨毯も見頃に。札幌には幌見峠のラベンダー園があり、紫色の斜面に向こうに札幌市街が広がる。

ファーム富田[富良野]
広大な傾斜地に10もの花畑が広がる、富良野を代表する観光スポット。
▶P.132

幌見峠[札幌]
開花期の7月のみオープンするラベンダー園。駐車場からは夜景もきれい。
▶P.56

山頂に点在する
雲海ビューの
特等席へ

ゴンドラに乗ってトマム
山の標高1088mに位置
する雲海テラスへ。山頂駅
のテラスは2021年にリ
ニューアルされた3階建て。
宙に浮いた気分で雲海を眺
められる。周辺にも6つの
展望スポットが点在。「Clo
oud Bar（クラウドバー）」
はなんと椅子の高さ3m、
カウンターの長さ13m。冬
には霧氷テラスとなり、氷
点下の寒さで木が真っ白に
なる霧氷が見られる。

12

うんかい
雲海テラス ［トマム］

雲海テラスは星野リゾー
ト トマムの施設。雲海ビ
ュー以外の楽しみも充実。

▶P.146

絶景
magnificent scenery

<ruby>神威岬<rt>かむいみさき</rt></ruby> [積丹半島]
積丹半島の絶景スポット。
岬の先端まで遊歩道が整
備され往復40分ほど。
▶P.108

14

［登別温泉］
大湯沼
<small>おお ゆ ぬま</small>

登別温泉の源泉地のひと
つ。沼底から高温の温泉が
湧き、湯気が漂っている。

▶ MAP P.5B-3

［札幌］
もいわ山
<small>やま</small>
山頂展望台
<small>さんちょうてんぼうだい</small>

日本新三大夜景として人
気のスポット。日中や夕
景の眺めも素晴らしい。

▶ P.52

想像を絶する
大自然と
大都市の絶景

厳しい自然、地球のエネ
ルギーを感じるパワース
ポット、そして大都市の景
観と、北海道には多彩な絶
景スポットが存在。日本海
に突き出した積丹半島は、
波に削られた荒々しい岩肌
と積丹ブルーと呼ばれる青
く透明な海が絶景。北海道
最大の登別温泉では、地獄
谷や大湯沼の源泉地が迫力
満点だ。もいわ山頂展望
台からは、北海道最大の都
市、札幌を一望できる。

冬景色
winter scenery

寒さが生み出す
幻想的な風景と
生き物たち

北海道の冬の寒さは本州とはケタ違い。冷え込んだ朝は、空気まで凍り付いたような透明感のある景色に包まれる。富良野・美瑛など内陸部ほど気温が低くなり、積雪量も多い。12月になると、一日中気温が氷点下の真冬日が増え、最も寒い1〜2月は氷点下20℃を下回る日もある。それでも野生動物たちは雪の中を駆け回り、厳しい寒さの中に命の息吹が宿っている。

1 小樽運河 ▶P.98
おたるうんが

2 美瑛の丘 ▶P.142
びえい の おか ［美瑛］

3 白金 青い池 ▶P.136
しろがね あおいいけ ［美瑛］

1 雪が積もった小樽運河はロマンチックな雰囲気。2月中旬には「小樽雪あかりの路」が開催される 2 降り積もった雪が丘風景をふんわりと包む。寒い朝は樹氷も見られる 3 寒さで水が凍り、雪が積もる直前の青い池。見られるのはわずかな期間 4 白い大地を走るキタキツネ 5 冬はふっくらするシマエナガ 6 冬眠せず、冬も忙しくエサを探すエゾリス 7 旭山動物園の冬の人気イベント「ペンギンのさんぽ」

7 [旭川]
あさひかわ し
旭川市
あさひやまどうぶつえん
旭山動物園 ▶P.148

美食

gourmet

魚介に肉に
ご当地グルメ。
美食王国北海道

北海道は日本海、オホーツク海、太平洋に囲まれ、種類豊富な魚介が水揚げされる海産物の宝庫。一方で内陸部には大規模農場が広がり農畜産業が盛ん。魚介、牛肉やジビエの肉、野菜、乳製品と、ほぼ北海道産でまかなえてしまうほどの美食王国だ。豊かな食材に支えられた北海道グルメは、旅の楽しみのひとつ。ご当地グルメからスイーツまで必食！

1 パフェ、珈琲、酒、佐藤 [札幌]
こーひー さけ さとう
▶ P.77

2 [札幌]
魚屋の台所（さかなやのだいどころ）
二条市場店（にじょういちばてん）
▶P.68

4 [富良野]
ル・ゴロワ フラノ
▶P.156

3

1 札幌の夜パフェを代表する店。食後にお酒やコーヒーと一緒にパフェをいかが？ 2 ご飯の上に魚介が何層にも重なる贅沢な海鮮丼 3 札幌市内にある二条市場。函館朝市と釧路の和商市場が北海道三大市場と言われる 4 富良野の豊かな食材を風景とともに味わえる 5 ネギ山盛りの味噌ラーメンが人気の店

5 [札幌]
喜來登（きらいと）
▶P.67

19

大人の旅プランは、何がしたいか？で選びたい！

テーマ別モデルプラン

ぐるっと周遊

2泊3日　札幌〜旭山動物園〜美瑛〜富良野〜小樽

札幌・旭山動物園・富良野・小樽
ハイライトを巡る王道プラン

開拓のロマンを感じる歴史をたどり、広大な花畑、話題の絶景を巡る。

六花亭札幌本店

1日目 札幌の名所を巡り 北のグルメを食べ歩き　札幌エリア　コース ▶P.38

9:30 電車37分	新千歳空港 JR快速エアポートは 日中はほぼ15分おきに運行。		▶P.164
10:10 徒歩3分	JR札幌駅		
10:15	六花亭札幌本店		▶P.82
11:30	ランチ	ラーメン 海鮮丼 スープカレー	▶P.66 ▶P.68 ▶P.73
13:00 徒歩6分	札幌市時計台		▶P.47
13:30 徒歩すぐ	さっぽろテレビ塔 テレビ塔は大通公園の東の端にある。		▶P.59
14:00	大通公園		▶P.42
15:00	カフェ 市電ロープウェイ入口駅からバス＋ロープウェイ＋ミニケーブルカー利用。	パフェ カフェ	▶P.77 ▶P.78
17:00	もいわ山山頂展望台 早めに行って日没を見るのがおすすめ。		▶P.52
19:00	ディナー	寿司 ジンギスカン シメパフェ	▶P.70 ▶P.72 ▶P.76
Stay	札幌市内ホテル		

札幌市時計台

SOUL STOREの
スープカレー ▶P.73

札幌成吉思汗しろくま
でジンギスカン ▶P.72

もいわ山山頂展望台

さっぽろテレビ塔
Berry Berry Crazy

2日目 旭山動物園から花畑へ ロマンチックドライブ

富良野・美瑛エリアコース ▶P.128

8:00 札幌市内
車2時間20分
札幌市内でレンタカーを借りて出かけよう！

10:30 旭川市旭山動物園 ▶P.148
車1時間
ハイライトコースを巡ろう！

14:00 白金 青い池 ▶P.136
車30分
美瑛の丘をドライブして富良野へ。

15:30 ファーム富田 ▶P.132
車2時間30分
まずは彩りの畑を目指そう。

18:00 札幌市内
札幌でレンタカーを返却。

Stay 札幌市内ホテル

ファーム富田

旭山動物園

白金 青い池

3日目 札幌から日帰りで 小樽の街を散歩

小樽エリアコース ▶P.94

9:00 JR札幌駅
電車33分
JR快速エアポートに乗車。

9:30 JR小樽駅
徒歩10分
北のウォール街を通って浅草橋へ。

9:45 小樽運河 ▶P.98

11:00 ランチ 寿司＆海鮮丼 ▶P.114
名物グルメ ▶P.116

12:00 堺町通り ▶P.120
徒歩10分
スイーツ食べ歩きを楽しもう。

14:00 カフェ ▶P.118

15:00 JR小樽駅
電車1時間15分
小樽駅にも買い物ができるマルシェがある。

16:15 新千歳空港

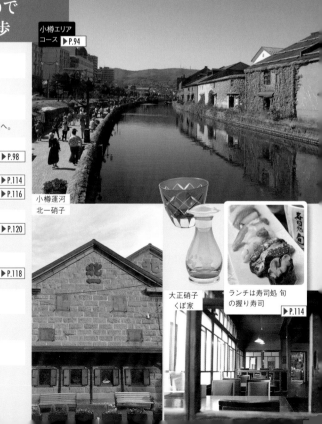

小樽運河
北一硝子

大正硝子
くぼ家

ランチは寿司処 旬
の握り寿司
▶P.114

テーマ別モデルプラン

歴史散歩

1泊2日

開拓の史跡とガラスの町
札幌と小樽をぶらり散歩

札幌で開拓の歴史に触れ、小樽でかつての銀行街を歩く。

大通公園

北海道大学

サッポロビール園

1日目 開拓のシンボルを見て できたてビールで乾杯！

10:00	JR札幌駅	
徒歩10分		
10:15	札幌市時計台	▶P.47
徒歩3分		
11:00	大通公園	▶P.42
12:00	ランチ	▶P.65
13:30	北海道大学	▶P.48
徒歩7分 バス7分	札幌農学校第2農場から巡るなら地下鉄南北線北18条駅が最寄り。JR札幌駅前に戻り、サッポロビール園直行バスかタクシー利用。	
16:45	サッポロビール博物館	▶P.59
	見学後にビール園でジンギスカンも！	
Stay	札幌市内ホテル	

2日目 かつての経済の中心地 旧銀行街から運河へ

ステンドグラス美術館
（小樽芸術村）

10:00	JR札幌駅	
電車33分	快速エアポートに乗車。	
10:35	JR小樽駅	
徒歩10分	駅にコインロッカーあり。	
10:45	日本銀行旧小樽支店金融資料館	▶P.102
徒歩3分		
11:30	ステンドグラス美術館	▶P.105
12:30	ランチ	▶P.114
13:30	小樽運河	▶P.98
	小樽運河クルーズ	▶P.101
16:00	JR小樽駅	

北のどんぶり屋
滝波食堂

日本銀行旧小樽支店金融資料館

小樽運河クルーズ

22

モデルプラン

テーマ別モデルプラン
積丹半島とニセコ

1泊2日

ニッカの工場見学とウニや展望
積丹の海と支笏湖の透明さに感動!

札幌から西へ、積丹半島の絶景とニセコ、支笏湖をぐるりと巡る。

1日目 余市から積丹半島をぐるり巡ってニセコへ

9:00 新千歳空港
車1時間25分
レンタカーでGO!

11:00 ニッカウヰスキー余市蒸溜所 ▶P.111
車50分
工場見学以外のミュージアムや売店は予約不要。

13:30 ランチ 積丹半島のウニ ▶P.109
ウニの旬は6〜8月。

14:30 島武意海岸 ▶P.109
車20分

15:20 神威岬 ▶P.108
車2時間

18:00 ニセコ ▶P.110

Stay ニセコの宿

ニッカウヰスキー余市蒸溜所

神威岬

積丹のお食事処 鱗晃

2日目 羊蹄山の眺めと乳製品 支笏湖ではヒメマス料理

9:30 ニセコ グラン・ヒラフ サマーゴンドラ ▶P.110
車10分

10:30 ニセコ高橋牧場 ミルク工房 ▶P.110
車2時間
時間に余裕があればアクティビティを楽しむのも。

13:00 支笏湖 ▶P.61
車1時間
ランチは支笏湖名物のヒメマス!

15:00 新千歳空港

ニセコ グラン・ヒラフ サマーゴンドラ

支笏湖

支笏湖ではヒメマスを食べよう!

1泊2日

地球のエネルギーを体感
洞爺湖と登別温泉で展望と温泉浴！

洞爺湖から登別温泉へとドライブし温泉と展望を楽しむ。

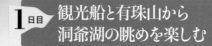

1日目 観光船と有珠山から洞爺湖の眺めを楽しむ

9:15	新千歳空港
車1時間20分	道央自動車道利用で洞爺湖へ。
10:40	洞爺湖 洞爺湖汽船 ▶P.63
車15分	
13:30	有珠山ロープウェイ ▶P.63
	山頂駅を降りると洞爺湖展望台。
Stay	洞爺湖温泉の宿
	登別温泉まで行って宿泊するのも。

洞爺湖

洞爺湖温泉名物わかさいも ▶P.63

有珠山ロープウェイ

有珠山ロープウェイ

2日目 登別温泉の地熱地帯 地獄谷や大湯沼を巡る

9:00	洞爺湖 ▶P.63
車50分	
10:00	地獄谷 ▶P.62
車3分	登別温泉の地獄谷を歩く。
11:45	大湯沼
徒歩5分	大湯沼駐車場に車を停めて徒歩で。
12:00	大湯沼川天然足湯 ▶P.62
車1時間10分	道央自動車道苫小牧東ICから30分。
14:30	ノーザンホースパーク ▶P.58
車20分	飛行機の時間まで楽しもう。
16:00	新千歳空港

登別温泉 地獄谷

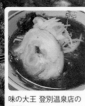

味の大王 登別温泉店の地獄ラーメン ▶P.62

大湯沼

ノーザンホースパーク

テーマ別モデルプラン

花畑と雲海

1泊2日

旭川から十勝へと抜ける花畑と雲海コース
美瑛の青い池とファーム富田の花畑の絶景

富良野から南下して十勝へと抜けるルート。トマムにステイして雲海を見る!

1日目 美瑛と富良野の ハイライトを巡る

9:00	旭川空港
車35分	空港でレンタカーを借りる。

9:35	道の駅びえい「白金ビルケ」 ▶P.137
車3分	

10:00	白金 青い池 ▶P.136
車15分	美瑛の丘風景を見ながらドライブ。

11:00	四季彩の丘 ▶P.140

12:15	ランチ 美瑛丘ランチ ▶P.154
	花畑が点在する花人街道237 (国道237)号を走って。

14:00	ファーム富田 ▶P.132
車1時間 20分	国道38号線で南富良野を通って トマムへ。

STAY	トマム

白金 青い池

四季彩の丘

ファーム富田

緑豊かな丘のフェルム ラ・テールでランチ ▶P.155

2日目 早起きして雲の上へ 十勝のガーデンへも

5:00	雲海テラス ▶P.146
車40分	道東自動車道で十勝清水 ICで降りる。

9:30	十勝千年の森 ▶P.152
車1時間	

12:30	十勝ヒルズ ▶P.152
車20分	

14:30	とかち帯広空港

雲海テラス

十勝ヒルズ

雲海テラス

雲海テラスのカフェで 雲海ソーダ600円 ▶P.147

札幌小樽瓦版

SAPPORO &OTARU TIMES

大人 絶景旅

「天使のわたゆき」のパンケーキ

札幌

「シハチ鮮魚店」の海鮮丼

歴史ある商店街にグルメ横丁がオープン

北海道最古の商店街のひとつ、狸小路2丁目に2022年8月、北海道の食をテーマとしたスポットがオープン。2階建ての建物内には海鮮丼や寿司、ジンギスカン、クラフトビール、焼鳥、小籠包、青果店など道産食材を生かした20店舗が揃うほか、道内各地の観光映像が各所で放映されている。お神輿の展示や、狸小路側入口には狸神社が祀られている。

狸COMICHI（たぬきコミチ）
MAP P.34E-2
所札幌市中央区南2西2 時11:00〜23:00（店舗により異なる、物販は〜20:00）休無休（一部店舗は水曜）交地下鉄南北線すすきの駅から徒歩6分 Pなし

AOAO SAPPORO（アオアオサッポロ）
MAP P.34D-2
所札幌市中央区南2西3 交地下鉄大通駅から徒歩3分

札幌

すすきので魚が泳ぐ！ 待ち遠しい都市型水族館

大型複合施設「moyuk SAPPORO（モユクサッポロ）」が2023年夏に開業。施設名のモユクとはアイヌ語で「狸」のこと。狸小路に面し、地下街とも直結したアクセスのいい場所で4〜6階には都市型水族館が誕生予定。展示飼育はおたる水族館が業務提携。

OMO5小樽 by 星野リゾート（おもおたるほしの）
MAP P.92B-2 ☎050-3134-8095（OMO予約センター）
所小樽市色内1-6-31 料1泊1室1万6000円〜 交JR小樽駅から徒歩9分 Pあり（1泊800円）

小樽

星野リゾートが手掛ける歴史的建造物のホテル

2022年1月、色内地区にある歴史的建造物を活用した星野リゾートのOMOブランドホテルがオープン。夕食ではニシン漁でにぎわった港町小樽にちなみ、ニシンのパエリアを味わえる。

小樽芸術村 西洋美術館
MAP P.92C-2 ☎0134-31-1033
所小樽市港町6-5 時小樽芸術村（P.105）と同じ 入館1500円（4館共通2900円）交JR小樽駅から徒歩10分

小樽

西洋美術館が加わり小樽芸術村がパワーアップ

2022年4月、小樽芸術村に西洋美術館が加わった。小樽運河の浅草橋に隣接した旧浪華倉庫を利用し、ステンドグラスやアール・ヌーボー、アール・デコのガラス工芸品、家具などを展示。ショップも併設。

北広島

野球観戦だけじゃない！注目のボールパーク

北海道日本ハムファイターズの新球場ES CON FIELD HOKKAIDO（エスコンフィールドホッカイドウ）を含めた商業エリアが2023年3月にオープン。新球場は3万5000人収容でフィールドから4階まで観客席が設けられる。ブルワリーレストランやショップなど野球観戦以外の楽しみも充実。

©H.N.F.

北海道ボールパークFビレッジ（ほっかいどう・エフ）
MAP P.5C-2
交JR北広島駅から徒歩19分、またはシャトルバスやタクシー利用で5分 P約4000台

AREA
GUIDE

札幌

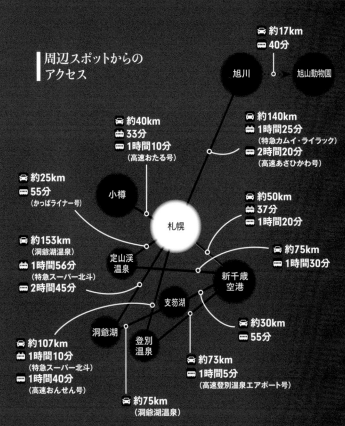

周辺スポットからの
アクセス

🚗 約17km
🚌 40分

旭川 ➔ 旭山動物園

🚗 約40km
🚌 33分
🚆 1時間10分
（高速おたる号）

🚗 約140km
🚌 1時間25分
（特急カムイ・ライラック）
🚆 2時間20分
（高速あさひかわ号）

🚗 約25km
🚌 55分
（かっぱライナー号）

小樽

🚗 約50km
🚌 37分
🚆 1時間20分

札幌

🚗 約153km
（洞爺湖温泉）
🚆 1時間56分
（特急スーパー北斗）
🚌 2時間45分

定山渓
温泉

🚗 約75km
🚌 1時間30分

新千歳
空港

支笏湖

🚗 約30km
🚌 55分

🚗 約107km
🚌 1時間10分
（特急スーパー北斗）
🚌 1時間40分
（高速おんせん号）

洞爺湖

登別
温泉

🚗 約73km
🚌 1時間5分
（高速登別温泉エアポート号）

🚗 約75km
（洞爺湖温泉）

さっぽろテレビ塔 ［札幌］

高さ90.38mの展望台フロアからは
まっすぐにのびる大通公園と、そ
の先に藻岩山や大倉山の山並みが
望める。

▶ P.59

1 洞爺湖は火山噴火によりできた周囲約43kmのカルデラ湖 **2** ウポポイ(民族共生象徴空間)の伝統的コタン **3** 旬の魚介てんこ盛りの贅沢な海鮮丼は旅の楽しみ **4** 札幌名物味噌ラーメン **5** 暗くなるほど輝きを増す、すすきの交差点のネオン **6** 千歳の冬のイベント、千歳・支笏湖氷濤まつり **7** ノーザンホースパークで馬と触れあう

1

サッポロさとらんど
112
ナルビル

角山

46

275

空港 273

北34東27

丘珠公園

丘珠空港通り

サッカー
アミューズメントパーク

旧豊平川

江別西

岩見沢IC

伏古

274

一の村公園

東区

雁来

東雁来町

豊平川緑地

道央自動車道

626

江別市

古川

89

イオンモール

札幌刑務所

札幌Jct

東苗穂1-3
東雁来1-1

275

札幌

北郷

北白石川

月寒川

川上

中央公園

大麻駅

岩見沢駅

626

酪農学園大

野津幌川

864

森林公園駅

百年記念塔

12

北海道博物館

2

野幌森林公園

豊平川緑地

白石区

川上

北郷公園

川下

川下公園

厚別川

札幌学院大

864

白石駅

北郷

274

白石駅

平和駅

厚別駅

P.59 北海道開拓の村

新札幌駅

エミシア札幌

厚別区

89

白石区役所

東西線

中央国道

南郷7丁目駅

大谷地

貨物
ターミナル

厚別署
厚別局
厚別区役所

サンピアザ札幌

3

通屋 彩未 P.67

南郷13丁目駅

12

3

ビアザ
水族館

熊の沢公園

寒中央駅

月寒体育館

南郷18丁目駅

大谷地駅

青葉
中央公園

3

月寒あんぱん本舗
月寒総本店 P.64

白石藻岩通り

ツキサップ
じんぎすかんクラブ

北星学園大

大谷地

ひばりが丘駅

1138

福住駅

36

吉田川公園

たかくら緑地

厚別公園

雪印種苗園芸
センター

上野幌駅

三川国道

豊平区

札幌ドーム

羊ヶ丘通り

札幌南

274

北広島市

室蘭街道

341

清田区

平岡公園

千歳駅

82

羊ヶ丘

羊ヶ丘通り

平岡公園東1

東部緑地

北海道農業研究センター

清田通り

平岡公園

足湯
雪まつり資料館
札幌ひつじ堂

羊ヶ丘レストハウス P.53

さっぽろ羊ヶ丘展望台 P.52

清田署
清田区役所

36

平岡樹芸センター

1138

種苗管理センター
中央農場

歴史とグルメの中心都市

1888（明治21）年に北海道庁が置かれて以来、道政を担い発展した札幌。中心部には開拓使のシンボル、赤い星が付いた歴史的建造物が残る。札幌駅からすすきのにかけて、主要な見どころは徒歩で巡れて観光しやすい。グルメスポットも中心部に集中しているので、海鮮や名物グルメ、スイーツの食べ歩きが気軽にできるのも魅力だ。

札幌市内から1〜2時間も移動すれば、温泉地や雄大な自然景観が広がる見どころが点在。日帰りでも十分楽しめる。

定番スポットもいいけれど
【こんな楽しみ方も！】

地元っ子気分で買い物をする

スーパーやコンビニには北海道独自の商品が多数。デパ地下の食品売り場の総菜屋は穴場で、北海道の食材を使った弁当、寿司や海鮮丼も。

近郊エリアに足をのばして

羊ヶ丘展望台やモエレ沼公園など、市街からひと足のばせば北海道らしい風景が広がる。支笏湖、洞爺湖へのドライブもいい。

イベントに合わせてプランを立てる

大通公園では四季を通してビッグイベントが開催される。イベントに合わせて旅すれば楽しみも2倍に。ただし、ホテルも飛行機も混みあうので早めの予約を。

朝は北大散策 夜は夜景を見に

北海道大学のキャンパスは緑がいっぱいで散策にぴったり。博物館もある。夜はもいわ山山頂展望台へ日本新三大夜景を見に行こう。

地下鉄以外の交通手段

市電

狸小路駅やすすきのの駅を通り郊外をぐるりと回る循環路線。もいわ山山頂展望台へのアクセスに利用できる。

自転車

シェアサイクルやレンタサイクルが市内に数カ所ある。冬季は休業。

【交通案内】

バス

市内路線バス、札幌駅と大通公園、サッポロビール園などを循環するバスがあり札幌駅前が拠点。旭川などへは都市間を結ぶ都市間バスを利用。

タクシー

タクシーの台数は多く、駅の乗り場やホテル前で待機している。観光タクシーや空港への定額タクシーもある。

見どころも多いエリアだから…
【上手に巡るヒント！】

1 徒歩と地下鉄を組み合わせての観光がラク

札幌中心部は比較的コンパクトで徒歩でも巡れる。要所要所で地下鉄を利用すれば、歩き疲れることもないし、時間も節約できる。主なエリア間の徒歩、または地下鉄での所要時間は以下を参照。

JR札幌駅
🚶🚶 徒歩3分
地下鉄さっぽろ駅
🚶🚶 徒歩10分
🚃 地下鉄2分
大通公園
🚶🚶 徒歩8分
🚃 地下鉄1分
すすきの

JR札幌駅からすすきのまで、地下歩道でつながっている。雨や雪の日は大いに活用しよう。

地下鉄大通駅は南北線、東西線、東豊線が乗り入れている。円山動物園へは東西線に乗り換え。

すすきのには南北線すすきのの駅と、東豊線の豊水すすきのの駅がある。うまく使い分けよう。

2 札幌のどこに泊まる？ 旅の目的に合ったホテル選び

ホテルは札幌駅周辺から中島公園にかけて集中。札幌からJRを利用してあちこち出かけるなら駅周辺、食べ歩きに重点を置いた旅ならすすきの周辺が便利。地下鉄駅に近いほうが荷物の移動もラク。

3 冬は凍った道に要注意 滑り止め底の靴がおすすめ

年によるが10月下旬〜3月上旬にかけて積雪がある。怖いのは圧雪されて凍り、ツルツルになるアイスバーン。特に横断歩道、駐車場の出入口など斜めになったところは要注意。冬に行くなら滑り止めが加工された防水靴を履き、歩幅を狭くして歩くのがコツ。

2 定山渓温泉（じょうざんけいおんせん）

札幌から気軽に行ける人気の温泉地

札幌の奥座敷と呼ばれる、札幌市南区にある温泉地＆紅葉の名所。温泉街にはカッパのオブジェが置かれ、足湯、手湯が点在。豊平川沿いには散策路があり、10月上旬～中旬は二見吊橋から紅葉が眺められる。

絶景ナビ 二見吊橋 ▶P.60 BEST 絶景

1 札幌（さっぽろ）

食べ歩きが楽しい北海道最大の都市

大通公園を挟んでJR札幌駅方面の北側がビジネスエリア、南側は商業地帯。中心部に歴史的な見どころ、郊外には自然と触れあえるスポットも。北海道最大の歓楽街すすきのでは、北海道グルメを堪能！

絶景ナビ 札幌中心部
大通公園 ▶P.42
札幌市時計台 ▶P.47
北海道大学 ▶P.48
北海道庁旧本庁舎 ▶P.54
札幌市円山動物園 ▶P.47

絶景ナビ 札幌郊外 BEST 絶景
モエレ沼公園 ▶P.46
さっぽろ羊ヶ丘展望台 ▶P.52
もいわ山山頂展望台 ▶P.52
白い恋人パーク ▶P.54
幌見峠 ▶P.56
ノーザンホースパーク ▶P.58
国営滝野すずらん丘陵公園 ▶P.57

3 支笏湖（しこつこ）

水質日本一の記録をもつ透明度抜群のカルデラ湖

風不死岳、恵庭岳、樽前山に囲まれた周囲約40kmの湖。湖畔には温泉が湧く。遊歩道を散策したり、遊覧船から透明な湖と風景を楽しめる。名物は湖内に生息するヒメマスで、旬は6～8月。

絶景ナビ 千歳・支笏湖氷濤（ひょうとう）まつり ▶P.61 BEST 絶景

4 登別温泉（のぼりべつおんせん）

全国屈指の湯量と泉質を誇る鬼がシンボルの温泉地

太古のパワーが感じられる地獄谷や大湯沼など、ダイナミックな景観が広がる温泉地。9種類の温泉が湧出し、いろいろな温泉を一度に楽しめる宿泊施設も。散策コースが整備されている。

絶景ナビ 地獄谷 ▶P.62 BEST 絶景

札幌駅
JR千歳線
JR石勝線
道東自動車道
274
276
453
230
千歳恵庭JCT
千歳駅
276
支笏湖
新千歳空港
日高自動車道
道央自動車道
JR日高本線
JR室蘭本線
苫小牧駅
洞爺湖
453
登別駅
室蘭駅
0   20km
N

！ご注意を

イベントを事前にチェック！

札幌市内にはたくさんのホテルがあるが、音楽やスポーツのイベントがあると満室になることも。航空券の手配と同時に宿も確保しよう。

問い合わせ先
札幌観光協会
☎011-211-3341
北海道さっぽろ観光案内所
☎011-213-5088

5 洞爺湖（とうやこ）

ジオパークの絶景を遊覧船や展望台から

BEST 絶景

火山活動によって形成された洞爺湖周辺は、ユネスコの世界ジオパークに日本で最初に登録。湖畔の洞爺湖温泉には温泉自慢の宿が並ぶ。

絶景ナビ 壮瞥（そうべつ）公園展望台 ▶P.63

5大スポットと名物グルメを堪能する
初めての札幌王道プラン

絶景 時計台〜大通公園〜テレビ塔〜もいわ山

1泊2日コース

公共交通機関で

札幌市内の代表的な見どころを訪ねながら、合間に名物グルメや人気のスイーツを食べ歩く札幌パーフェクトプラン！

START

1日目

新千歳空港（しんちとせくうこう）

🚃 JR快速エアポート 約37分

11:00 記念すべき第一歩はココから！
JR札幌駅

札幌駅を降りたら東改札口へ。コンコースから札幌ステラプレイスセンターに入り、展望室の受付があるJRタワーイースト6階を目指す。

👣 徒歩2分

11:15 駅の上から札幌市内を一望
JRタワー展望室T38（ジェイアール タワースリーエイト）

絶景

6階でエレベーターを降りたら、展望室インフォメーションカウンターでチケットを購入して、専用エレベーターで展望室へ。

▶ P.59

👣 徒歩5分

ステラプレイスから西側のコンコースに出ると、待ち合わせ場所にもなっているオブジェ安田侃の「妙夢」やアイヌの「エカシ（長老）」像がある。

👣 徒歩2分

11:45 ステラプレイス1Fにオープン！
北海道四季マルシェ

2022年11月にオープンしたショップ。定番みやげからオリジナルブランドまで豊富なラインナップが自慢。

▶ P.86

「焼きたてクッキーサンド 餡バター」のクッキーは店内で焼き上げている。

👣 徒歩2分

12:15 鮭の加工品が充実
佐藤水産本店（さとうすいさんほんてん）

駅前の横断歩道を渡ると正面にある、有名な海産物専門店。冷蔵冷凍物が多いので、購入したら宅配便で送るのがおすすめ。

▶ P.84

札幌駅からすすきのまでの約1.6kmは地上を歩いてもいいし、地下道もつながっている。

👣 徒歩11分

ⓘ 街歩きナビ

札幌駅から観光スタート。駅直結のJRタワー展望室から札幌市街の眺めを楽しみ、再び駅のコンコースに戻って新しくオープンした北海道四季マルシェへ。駅を後にしたら北菓楼に立ち寄り、時計台、大通公園、テレビ塔と、主要な見どころを巡る。大都市ながら観光、グルメスポットを徒歩で巡れるのが魅力だ。

サンセットの時間に合わせて、市電やロープウェイを乗り継いで藻岩山へ。帰りはすすきのに繰り出し、ジンギスカンに寿司、シメパフェとグルメを満喫！

2日目の朝は市場の海鮮丼、ランチはスープカレー。合間に円山動物園で泳ぐホッキョクグマをチェック！

14:30　グリーンと花に癒やされお散歩
大通公園　〔絶景ナビ〕

<small>おお どおり こう えん</small>

時計台から南に進むと大通公園へ。左にはテレビ塔がそびえている。西3・4丁目にはダイナミックな噴水がある。

▶P.42

徒歩1分

15:00　展望台からの眺めはマスト！
さっぽろテレビ塔　〔絶景ナビ〕

<small>とう</small>

テレビ塔の展望台は、全長1.5㎞にわたって伸びる大通公園のビュースポット。テレビ父さんグッズをゲットしよう！

▶P.59

徒歩2分

16:00　道内の逸品が揃う
きたキッチン オーロラタウン店

<small>てん</small>

大通公園4丁目から地下に入り、地下街のオーロラタウンへ。セキセイインコのいる「小鳥の広場」が目印。

▶P.84

チーズは種類も豊富。宅配便で全国発送可。

徒歩3分

13:00　リノベカフェでランチ＆スイーツタイム
北菓楼 札幌本館

<small>きた か ろう　さっ ぽろ ほん てん</small>

1926（大正15）年に北海道庁立図書館として建てられた建物を安藤忠雄氏が改修したスイーツショップ。

▶P.83

ショップではシュークリームやバウムクーヘンが人気。カフェではケーキセットをぜひ。

徒歩5分

14:00　本物の時計台とご対面！
札幌市時計台　〔絶景ナビ〕

<small>さっ ぽろ し と けい だい</small>

交差点に立つ白壁、赤い屋根の時計台。正面から全体を撮るなら向かいのビルへ。毎正時に鳴り響く鐘の音も聞いてみたい。

▶P.47

徒歩2分

🚠 ミニケーブルカー／ロープウェイ
🚌 シャトルバス／市電25分

電停すすきの

👣 徒歩2分

すすきのは夜になるとネオンがきらめき、たくさんの人がそぞろ歩く一大歓楽街。無数の飲食店が揃う。

👣 徒歩6分

20:15 スタイリッシュな店内でジンギスカン
北海道産羊・野菜ふくすけ

まずは名物のジンギスカンを。ふくすけはオシャレな店内が女性に人気。美唄産「アスパラひつじ」のラム肉は絶品！

▶ P.72

👣 徒歩5分

21:15 2軒目はカウンターで寿司を
鮨まつもと

札幌には道内各地の新鮮な魚介が集まり、200を超える寿司店があるといわれる。大将と会話を楽しみながら、北の魚介の握りを堪能しよう。

▶ P.71

👣 徒歩2分

23:00 シメパフェは別腹！
スイーツカフェ アンド バー ロジウラ カフェ
SWEETS CAFE and BAR ROJIURA CAFE

最後は話題のシメパフェを！スイーツバーや本格バーでも、飲んだ後のパフェを提供する店が急増中。

▶ P.76

👣

🏨 札幌市内ホテル

前ページより

17:00 老舗のサンドイッチ専門店
サンドイッチの店 さえら

地下道を歩き、都心ビルの地下3階に降りると、1795年創業の喫茶店で、今はサンドイッチが大人気のさえらがある。2種類の味を組み合わせられる。

▶ P.59

👣 徒歩5分

電停西4丁目駅

🚃 市電26分

ロープウェイ入口

🚌 シャトルバス5分

もいわ山麓駅

🚠 ロープウェイ5分

もいわ中腹駅

🚠 ミニケーブルカー2分

もいわ山頂駅

18:30 市街を見下ろす絶景スポット
もいわ山山頂展望台

絶景

サンセットに合わせ藻岩山へ。山頂からの夜景は日本新3大夜景のひとつ。宝石のように輝く札幌市街の眺めを楽しもう。

▶ P.52

---

info 新グルメスポット「狸COMICHI」

狸小路2丁目に2022年8月にオープンしたグルメスポット。2フロアからなり、小径を挟んでさまざまなジャンルの20店舗が軒を連ねる。

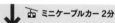

12:30 道内クリエイター作品が揃う
origami
（オリガミ）

北海道各地で集めた古い道具や古布のリメイク作品などを販売。商店の前掛けをリメイクしたトートバッグなどが人気。

▶P.87

🚃 地下鉄5分

↓

地下鉄大通駅

👣 徒歩7分

13:15 野菜たっぷりのスパイス香るカレー
SOUP CURRY KINGセントラル
（スープ　カリー　キング）

スープカレーも札幌での必食グルメ。スパイシーなスープに野菜がたっぷり入ってヘルシー＆食べ応えも満点！具はラムやチキンなどを選べる。

▶P.59

👣 徒歩7分

14:15 白い恋人の限定品をゲット！
ISHIYA札幌大通本店
（イシヤ　さっぽろおおどおりほんてん）

大通公園に隣接したISHIYAのショップ。看板商品「白い恋人」はもちろん、さまざまなオリジナルスイーツを販売。

▶P.82

ショップでは「白い恋人」3枚入りを限定販売。商品のバラ買いもできる。

👣 徒歩10分

↓

JR札幌駅

🚃 快速エアポート 37分

GOAL

↓

新千歳空港

8:30 朝食は送迎バスで場外市場へ
海鮮食堂北のグルメ亭
（かいせんしょくどうきたのグルメてい）

札幌の場外市場には早朝営業で海鮮丼自慢の店がある。北のグルメ亭は主要ホテルや札幌駅から送迎バスがあり便利。ウニやイクラたっぷりの海鮮丼を満喫！

▶P.69

👣 徒歩8分

↓

地下鉄二十四軒駅

🚃 地下鉄4分

↓

地下鉄円山公園駅

👣 徒歩6分

10:15 四季折々に美しい
円山公園
（まるやまこうえん）

絶景ナビ

円山公園駅から円山動物園へはバスなら8分の距離。天気がよければ円山公園を散策しながら向かうのがおすすめ。エゾリスに会えるチャンスも。

👣 徒歩12分

10:30 生き生きとした動物を見に
札幌市円山動物園
（さっぽろしまるやまどうぶつえん）

絶景ナビ

ホッキョクグマ館では、泳ぐホッキョクグマが見られると大人気！ゾウ舎の4頭ものアジアゾウほか、かわいい動物に癒されよう。

▶P.47

🚌 バス8分

↓

地下鉄円山公園駅

👣 徒歩2分

アートが点在する
噴水と夜景が美しい公園

42

1

絶景 ナビ

大通公園
おお どおり こう えん

MAP P.35C-2

☎**011-251-0438**（大通公園管理事務所）

札幌の中心部、西1〜12丁目にかけて東西1.5kmにわたってのびる緑地帯。1871（明治4）年に北の官庁街と南の住宅・商業街の間に造られた火防線が始まり。1980（昭和55）年に都市公園として整備された。四季折々にイベントが開催される。

所 札幌中央区大通西1〜12丁目 時 入園自由 交 地下鉄大通駅からすぐ P なし

札幌
[絶景名所ナビ]

生命体の躍動をテーマとした西3丁目噴水

第71回ウポポイ（民族共生象徴空間）のプロジェクションマッピング

©HTB

1

2

3

1 北海道の冬のビッグイベント、さっぽろ雪まつり。大迫力の雪像が見られる 2 姉妹都市、ドイツ・ミュンヘンの冬を再現したミュンヘン・クリスマス市in Sapporoは11月下旬～12月下旬開催 3 全国から集まったチームが、市内数カ所の会場で演舞を競うYOSAKOIソーラン祭り 4 さまざまなオブジェがロマンチックなさっぽろホワイトイルミネーション

実は13人もの有名作家の作品が見られる青空美術館

大通公園のモニュメントと季節のイベントカレンダー

大通公園には日本を代表する芸術家によるモニュメントや像などが点在。季節のイベントも要チェック！

緑豊かな札幌のグリーンベルト

春から夏にかけては花壇の花々、秋には木々の紅葉が美しい大通公園。丁目ごとに全部で12のブロックからなり、噴水やモニュメント、野外ステージなどが設置されている。個性豊かな噴水は見応え満点。夜にはライトアップされる噴水も。中心は地下鉄大通駅のある西3・4丁目で、ここから眺める花壇と泉の像、テレビ塔は札幌を代表する風景だ。

❸ ブラック・スライド・マントラ

黒御影石で造られたイサム・ノグチのアート作品。滑り台になっている

❷ 石川啄木像・歌碑

石川啄木の像と横には歌碑がある。1981（昭和56）年、坂坦道によって制作

❹ 漁民之像

漁師と家族の像。北海道漁業婦人部連絡協議会によって建てられた

彫刻家・本郷新作。泉を3人の踊り子で表現した作品で、花壇の真ん中に立つ

❶ 泉の像

| 西13丁目 | 西12丁目 | 西11丁目 | 西10丁目 | 西9丁目 | 西8丁目 | 西7丁目 | 西6丁目 | 西5丁目 | 西4丁目 | 西3丁目 | 西2丁目 | 西1丁目 |

札幌市資料館前　西11丁目噴水　西7丁目噴水

プレイスロープ

西4丁目噴水　　西3丁目噴水

さっぽろテレビ塔

❽ 若い女の像

1984（昭和59）年、佐藤忠良が制作。バラ園を背景に立つブロンズ像

黒田清隆の依頼で開拓に貢献。北海道100周年記念に野々村一男によって制作

❼ ホーレス・ケプロン之像

北海道開拓長官だった黒田清隆の功労を、雨宮治郎によって制作された

❻ 黒田清隆之像

❺ 日時計

札幌ロータリークラブによって寄贈。晴れた日には影によって時間がわかる

12月	11月	10月	9月	8月	7月	6月	5月	4月	3月	2月	1月
ミュンヘン・クリスマス市in Sapporo				さっぽろ夏まつり		YOSAKOIソーラン祭り			さっぽろ雪まつり		
さっぽろホワイトイルミネーション				さっぽろオータムフェスト		さっぽろライラックまつり				さっぽろホワイトイルミネーション	

札幌の夏の風物詩 とうきびワゴン

4月下旬〜10月上旬にかけて大通公園西3・4丁目に登場する。とうきび（ゆで・焼き）1本400円。

2023年6月7〜11日

ソーラン節に合わせて鳴子を鳴らしチームごとに踊りを競う。派手な衣裳にも注目。

YOSAKOIソーラン祭り

2023年2月4〜11日

大雪像「ヘルシンキ大聖堂」
©HBC北海道放送2019

さっぽろ雪まつり

巨大な雪像や氷像が各丁目に並ぶ札幌の一大イベント。夜はライトアップやプロジェクションマッピングも見られる。

2022〜2023年11月22日〜3月中旬

メインの大通会場（〜12月25日）は1〜6丁目にテーマの異なるイルミネーションを設置。

さっぽろホワイトイルミネーション

芸術を身近に体感！
自然とアートが融合する公園

絶景 2 モエレ沼公園

MAP P.32E-1 ☎011-790-1231

彫刻家イサム・ノグチが手掛けた189haの広大な公園。敷地全体がひとつのアート作品になっており、山や川を表現したスケールの大きな造形が点在。

所札幌市東区モエレ沼公園1-1 時7:00～22:00（最終入園～21:00）休無休（施設により異なる）料入園無料 交地下鉄東豊線環状通東駅からバスで25分、モエレ沼公園東口下車すぐ P1500台（冬季は100台）

Bestシーズン　6～9月

1

3方向5ルートから登ることができるモエレ山

3

1 レストランやショップなどがあるガラスのピラミッド"HIDAMARI"
2 高さ52mのモエレ山。山頂からは札幌市街が一望できる **3** 海の噴水は4月下旬～10月中旬にかけて運転。夜はライトアップされ美しい　写真提供／モエレ沼公園

2

info レンタサイクルは公園入口で

東口駐車場の横で自転車の貸し出しをしている。

時4月下旬～11月上旬の9:00～16:00
料2時間200円～（1時間延長100円～）

広い園内はレンタサイクルがオススメ
モエレ沼公園をサイクリングで巡る

ガラスのピラミッド
← 自転車3分

モエレビーチ
緩やかなすり鉢状になっている池。子どもに大人気の水遊び場

← 自転車3分

プレイマウンテン
99段の石段かスロープを使って高さ30mの山頂へ登ることも

← すぐ

ミュージックシェル
半円形の建物。コンサートなどのステージにも利用される

← 自転車3分

モエレ山
不燃ゴミなどによって造られた山。公園全体を見渡せる

← 自転車1分

ガラスのピラミッド

3 絶景ナビ

大通公園周辺

札幌市時計台

MAP P.34D-2 ☎011-231-0838

クラーク博士の提言により1878（明治11）年に札幌農学校の演武場として建設され、後に時計塔を設置。1906（明治39）年に現在の場所に移された。毎正時に時間の数の鐘が鳴る。

所札幌市中央区北1西2 時8:45～17:10（最終入館～17:00）休無休 料入館200円 交JR札幌駅から徒歩7分 Pなし

国内最古の振り子式塔時計

館内には展示室や教会のような雰囲気のホールがある

1 同じ水中トンネルでホッキョクグマと仕切られて飼育されるアザラシ 2 野外の放飼場でくつろぐ姿もかわいい

アザラシを追ってプールにザブン！

ダイナミックに泳ぐホッキョクグマを水中トンネルから

4 絶景ナビ

円山

札幌市円山動物園

MAP P.33B-2 ☎011-621-1426

約160種類の動物を飼育。水中トンネルからはホッキョクグマとアザラシが泳ぐ北極圏のような世界が見られる。工夫が施されたゾウ舎も人気。

所札幌市中央区宮ヶ丘3-1 時9:30～16:30（11～2月は～16:00）。最終入園は閉園30分前 休第2・4水曜、4・11月の第2月～金曜、8月の第1・4水曜（祝日の場合は翌日休）料入園800円 交地下鉄東西線円山公園駅からバスで8分、動物園前下車すぐ P有料959台

**北海道大学
イチョウ並木**

MAP P.35C-1 ☎011-716-2111

大学構内の北13条門から約380mに
わたって続くイチョウ並木。大きな
枝がアーチ状になり、秋になるとま
るで黄色いトンネルのようになる。
新緑の時季も美しい。

所 札幌市北区北13西5〜7 時 散策自由
交 JR札幌駅から徒歩15分 P なし

Bestシーズン 　10月下旬〜11月上旬

道の両側に
70本もの
イチョウが並ぶ

黄色いトンネルは
札幌の秋の風物詩

1

1 札幌農学校時代にクラーク博士の構想により建てられた札幌農学校第2農場。家畜房、サイロ、牧牛舎などが残る 2 300mにわたって続くポプラ並木。80mほどを散策できる 3 総合博物館内にある吹き抜けのアインシュタイン・ドーム 4 1909(明治42) 年築の古河講堂は国の有形文化財。見学は外観のみ

2

3

4

緑が美しい
7月の
ポプラ並木

東京ドーム約38個分の緑あふれる構内

北大キャンパスさんぽ MAP P.35C-1

広々としたキャンパス内には総合博物館や札幌農学校第2農場など興味深い見どころが満載。

観光も楽しめる
北海道大学

前身は1876（明治9）年に開校した札幌農学校で、広大な敷地面積を誇る国立大学。初代教頭は「Boys, be ambitious!（少年よ大志を抱け）」の言葉で有名なクラーク博士。キャンパス内は一般に開放されている。森や池、芝生広場などのグリーンゾーンのほか、博物館などの見どころも多い。学食や売店も利用できる。

古河講堂の前にあるクラーク像

クラーク博士と北大

ウィリアム・スミス・クラーク（1826～1886）は日本政府からの要請で札幌農学校の初代教頭に。植物学や英語などを教えていた。

❷ 中央ローン

徒歩2分

森の中に人工的に造られた川が流れ、リラックスできる

北大正門

徒歩1分

❶ インフォメーションセンター「エルムの森」

インフォメーションセンターにはカフェやショップも

徒歩2分

❸ 古河講堂
ふるかわこうどう

左右対称のモダンな洋風建築。林学科の教室として使われていた

徒歩5分

☎011-706-2658
時10:00～17:00
休月曜。臨時休館あり
料無料

❹ 総合博物館

札幌農学校開校以降の学術研究の資料・標本300万点以上を収蔵

徒歩2分

❻ ポプラ並木

北大の人気スポットのひとつ。樹齢100年を超えるポプラもある並木道

徒歩5分

❺ 中央食堂

人気の牛トロ丼やカレーほか豊富なメニューが揃い値段も手頃

徒歩8分

❼ イチョウ並木

太いイチョウの木がアーチを作る並木道。車道なので注意して

徒歩15分

❽ 札幌農学校第2農場

☎011-706-2658
時8:30～17:00 休第4月曜

北大正門

徒歩30分

緑飼貯蔵室のサイロは1912（大正元）年築で道内最古

高台から札幌市街を望む
クラーク像で有名な公園

毎年GWには
ヒツジの毛刈
イベントも開催

特に明るく
輝いているのが
札幌中心部

ロマンチックな
日本新三大夜景のひとつ

絶景

札幌郊外

7 もいわ山山頂展望台

MAP P.33B-3 ☎**011-561-8177**

標高531mの藻岩山の山頂にある展望施設。
札幌市街から日本海にかけて一望でき、特に
空気が澄み渡る冬は街明かりが美しい。

所札幌市中央区伏見5-3-7　時10:30〜22:00（12
〜3月は11:00〜）休3月末〜4月末にメンテナンス
のため全館休業　料ロープウェイ+ミニケーブルカー
2100円（往復）交地下鉄大通駅から徒歩3分の市
電西4丁目駅から25分、ロープウェイ入口下車。山
頂まではP.53参照　P山麓駅120台、中腹駅80台
（冬季閉鎖）

| Bestシーズン | 10〜2月 |

1 北大に次いで建てられたクラーク像 **2** 大志の誓いを書いてクラーク像台座の投函口へ

展望だけじゃない！
さっぽろ羊ヶ丘展望台はココもチェック！

展望以外に見どころやグルメなど楽しみがいろいろ。みやげ物が揃うショップもある。

ラベンダー畑

ラベンダー畑の見頃は7月上旬〜中旬。紫の絨毯が広がり、香りに癒やされる。

クラーク記念館

クラーク博士の略歴や博士についての紙芝居などを展示。挙式場として人気だった建物。

雪まつり資料館

1950（昭和25）年に6基の雪像から始まった、さっぽろ雪まつりの歴史を紹介。

羊ヶ丘レストハウス
☎ 011-852-1271

新鮮なラム肉のほか、エゾシカ肉などをジンギスカンで食べられる。
時 10:00〜15:00（季節により変動あり）休 無休

絶景ナビ

6

札幌郊外

さっぽろ羊ヶ丘展望台

MAP P.32D-3 ☎ 011-851-3080

高さ約2mの台座の上に立つ2.85mのクラーク像がシンボルの展望地。夏はヒツジが放牧され、北海道らしい牧歌的な風景が広がる。
所 札幌市豊平区羊ヶ丘1 時 9:00〜17:00（季節により変動あり）休 無休 料 入園530円（2023年4月から600円）交 地下鉄東豊線福住駅からバスで10分、さっぽろ羊ヶ丘展望台下車すぐ P 100台

Bestシーズン　7〜8月

行くまでもワクワク
山頂まではプチアトラクション！

藻岩山へは札幌中心部から市電、シャトルバス、ロープウェイ、ミニケーブルカーを乗り継いで行く。

❶ 市電駅からシャトルバスで山麓駅へ

市電ロープウェイ入口で下車してすぐの、シャトルバス乗り場から乗車。山麓駅まで所要約5分、15分おきに運行。

❷ 中腹まで眺めのいいロープウェイで

山麓駅からガラス面の大きなロープウェイに乗り、藻岩山の原生林や市街を眺めること5分、中腹駅に到着。

❸ 最後は「ミニケーブルカー」に乗る！

森の中をぐんぐん上って行く、スイス製の2両連結のミニケーブルカー。中腹駅から山頂駅まで所要約2分。

info 山頂にある絶景レストラン！

山頂駅には道産食材などを使ったメニューが人気のカジュアルフレンチレストランがある。
THE JEWELS
☎ 011-518-6311

夜景と一緒に食事が楽しめる。時 11:30〜20:00LO（冬季は12:00〜、15:00〜17:00はテイクアウトのみ営業）休 ロープウェイに準ずる

使われている
レンガの数は
約250万個!

8 絶景 北海道庁旧本庁舎

札幌駅周辺

MAP P.34D-1 ☎011-231-4111

（総務部行政局財産課企画調整係）

1888（明治21）年にアメリカ風ネオ・バロック様式で建設された間口61m、高さ33mの堂々とした建物。その外観から「赤れんが庁舎」の愛称で親しまれている。

所札幌市中央区北3西6 交JR札幌駅から徒歩10分 P なし※2022年12月現在、改修工事のため見学不可。仮設見学施設が2023年春にオープン予定。リニューアルオープンは2025年予定

Bestシーズン　**7〜10月**

9 絶景 白い恋人パーク

札幌郊外

MAP P.33A-1 ☎011-666-1481

北海道の人気銘菓のテーマパーク。2019年7月にリニューアルオープンし、観て、知って、味わって体験できる「しあわせとお菓子のテーマパーク」としてパワーアップ。

所札幌市西区宮の沢2-2-11-36 時10:00〜17:00（入館受付は〜16:00）休無休 料有料エリア入館800円 交地下鉄東西線宮の沢駅から徒歩7分 P有料あり

Bestシーズン　**6月下旬〜7月上旬**

約200種の
バラが咲く
ローズガーデン

54

名物
名品

札幌 [絶景名所ナビ]

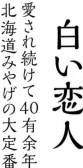

白い恋人

愛され続けて40有余年
北海道みやげの大定番

白い恋人
24枚入り 1900円
ホワイト＆ブラックの箱は「白い恋人」のホワイトとブラックの両方が味わえる

36枚入り
缶3088円
オリジナルの缶入り。ホワイト27枚、ブラック9枚が入っている

3枚入り
250円
札幌大通本店のみで購入できる手のひらサイズの小箱

利尻島にある白い恋人の丘

ISHIYA札幌大通本店はアンティークな雰囲気の店内。用途に合わせて詰合せやラッピングも

🛍 購入は札幌市内の直営店、みやげ物店、空港などにて

ISHIYA 札幌大通本店
イシヤ　さっぽろおおどおりほんてん

▶P.82

1976（昭和51）年に、ISHIYAから販売された「白い恋人」。サクサクのラング・ド・シャでホワイトチョコレートをサンドした軽い食感の洋菓子は、北海道らしいネーミングも相まってヒット商品となる。2012年からは小麦粉を北海道産に変更し、より北海道らしいお菓子に生まれ変わった。

印象的なパッケージは、北海道の利尻島のシンボル利尻山。島を訪れた当時の社長が、スイスのような風景に感動して採用

したという。2000年に利尻山にリボンをあしらったデザインにリニューアルされ、人気を不動のものにする。

「白い恋人」にはミルクチョコレートをサンドした「白い恋人 ブラック」のほか、白いロールケーキ、白いバウムなどのシリーズもある。

【白い恋人パークの施設】

ベイクショップ・チェルシー
パンやデニッシュのほかカヌレなどの焼き菓子も販売

ショップ・ピカデリー
定番の「白い恋人」をはじめ、パークオリジナル商品なども

カフェ・バトラーズワーフ
手軽に食べられる軽食やスイーツなどを提供

info 夜景が楽しめる
駐車場

幌見峠にある駐車場は、日本夜景遺産に登録されている幌見峠の展望パーキング。車の中にいながら夜景が楽しめるロマンチックなスポットとして人気。

⏱4〜11月の24時間 ❌期間中無休
💴17:00〜翌3:00は800円、3:00〜17:00は500円

街灯がキラキラと輝き美しい。車内からのんびり夜景が楽しめる

10 絶景ナビ

札幌郊外

幌見峠
（ほろみとうげ）

MAP P.33B-3
☎011-622-5167 （夢工房さとう）

札幌市街を見渡す峠。山頂にはラベンダー園があり約8000株ものラベンダーを栽培している。手作りのエッセンシャルオイルなども販売。

所札幌市中央区盤渓471-110 時7月の9:00〜17:00 休期間中無休 料無料（刈り取りは500円〜）交地下鉄円山公園駅から車で10分 P有料80台

Bestシーズン　　　　7月上旬

ラベンダーの先に
札幌市街が
一望できる

丸い形が
特徴的なコキア。
秋は一面真っ赤に

絶景
11

札幌郊外

国営滝野すずらん丘陵公園
こく えい たき の　きゅうりょう こう えん

MAP P.5C-2 ☎ 011-592-3333

北海道にある唯一の国営公園。400haの敷地は4
つのゾーンに分かれており自然豊か。カントリー
ガーデンのチューリップやコスモス畑は有名。

所札幌市南区滝野247 時9:00〜18:00（4月20日〜5
月31日、9月1日〜11月10日は〜17:00、12月23日〜3
月31日は〜16:00）休11月11日〜12月22日、4月1〜
19日 料入園450円（12月23日〜3月31日は無料）交
JR札幌駅から車で50分 P有料2210台

Bestシーズン　　5〜6月

info　園内の滝めぐり

渓流ゾーンには日本の滝
百選になっているアシリ
ベツの滝をはじめ、3つ
の滝がある。自転車を借
りて滝めぐりもおすすめ。

絶景 12 ノーザンホースパーク

MAP P.5C-3 ☎0144-58-2116

大小さまざまな馬と触れあえる施設。50haの広大な敷地をもち、散策やガーデンめぐりも楽しめる。食材にこだわったレストランもおすすめ。**所**苫小牧市美沢114-7 **時**9:00～17:00（11月6日～4月9日は10:00～16:00）**休**4月10日～4月14日 **料**入園800円（11月6日～4月9日は500円）**交**新千歳空港から車で15分 **P**500台

Bestシーズン	7～8月

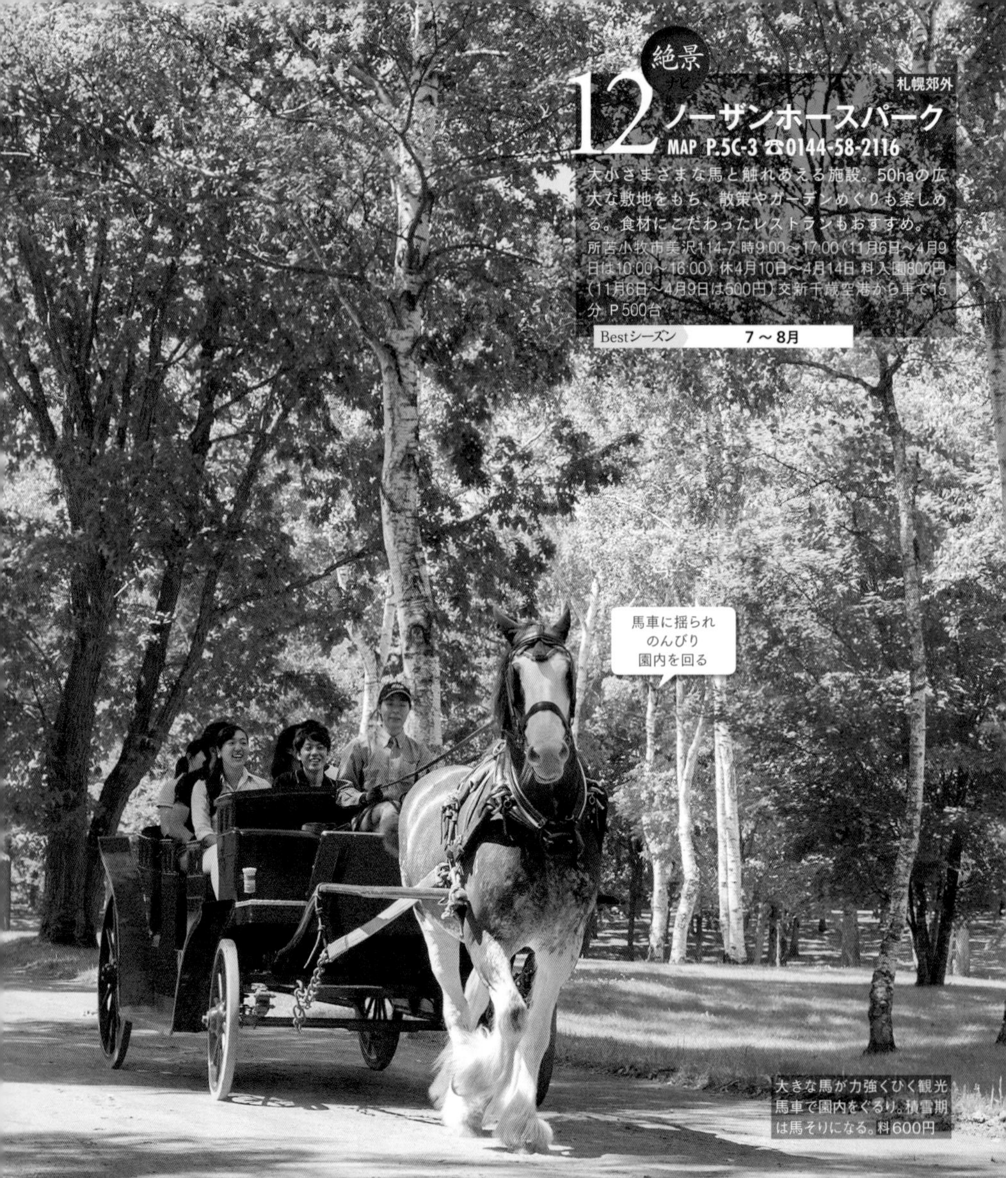

馬車に揺られ
のんびり
園内を回る

大きな馬が力強くひく観光
馬車で園内をぐるり。積雪期
は馬そりになる。**料**600円

馬を間近に見られる
園内の注目スポット

観光ひき馬

スタッフがひく馬に乗って散歩。初心者でも気軽に体験できる。**料**900円

ハッピー ポニーショー

かわいいポニーによる大人も楽しめるショー。所要約20分、観覧無料。

馬見の丘

広大な牧場風景が楽しめる人気の展望スポット。見学無料。

ホーストレッキング

ゆったりと乗馬を楽しみながら自然を散策。**料**5500円（用具レンタル別）

🅰️ JRタワー展望室T38
MAP P.34D-1
☎011-209-5500

JR札幌駅直結JRタワーの最上階にある展望室。地上38階、160mの高さから市街地を360度見渡すことができる。
所札幌市中央区北5西2-5 JRタワー6Fインフォメーションカウンター時10:00〜22:00（最終入場21:30）休無休料入場740円交JR札幌駅直結P有料あり

🅰️ 中島公園
MAP P.34E-3
☎011-511-3924

すすきのの南に広がる公園。迎賓館だった豊平館や池越しに藻岩山を望む菖蒲池、日本庭園などがあり、四季を通じて市民に親しまれている。
所札幌市中央区中島公園1時入園自由交地下鉄南北線中島公園駅から徒歩1分Pなし

🅰️ さっぽろテレビ塔
MAP P.34E-2
☎011-241-1131

大通公園の西1丁目に立つ、1957（昭和32）年に完成した全長147.2mの電波塔。地上90.38mの高さに展望台がある。
所札幌市中央区大通西1時9:00〜22:00（最終入場21:50）休設備点検日料展望台入場1000円交地下鉄大通駅から徒歩2分Pなし

❌ SOUP CURRY KING セントラル
MAP P.34D-2
☎011-213-1230

平岸に本店がある人気店の支店。鶏ガラと豚のゲンコツ、昆布や煮干、かつお節など、魚介のWスープによるうま味とコク。
所札幌市中央区南2西3-13-4 カタオカビルB1F時11:30〜15:00LO、17:30〜21:00LO（土・日曜・祝日は11:30〜）休不定休交地下鉄大通駅から徒歩5分Pなし

🅰️ 北海道開拓の村
MAP P.32F-2
☎011-898-2692

明治から昭和初期の、北海道各地の建造物を移築復元した野外博物館。
所札幌市厚別区厚別町小野幌50-1時9:00〜17:00（10〜4月は〜16:30。いずれも入村は30分前まで）休無休（10〜4月は月曜、祝日の場合は翌日休）料入村800円（北海道博物館との共通入場券1200円）交JR札幌駅から車で30分P400台

🅰️ 大倉山展望台
MAP P.33A-2
☎011-641-8585

1972年冬季オリンピック札幌大会の舞台。ジャンプ台の頂上からは市内が一望できる。
所札幌市中央区宮の森1274時8:30〜21:00（11月1日〜4月28日は9:00〜17:00。要問い合わせ）休点検日、大会・イベント開催時料リフト往復1000円交地下鉄東西線円山公園駅からバスで10分、大倉山ジャンプ競技場下車すぐP113台

🅰️ サッポロビール博物館
MAP P.33C-2
☎011-748-1876

北海道開拓とともに発展した、サッポロビールの歴史展示の見学ができる。
所札幌市東区北7東9-1-1時11:00〜18:00（最終入館は17:30）休月曜（祝日の場合は翌日）料無料交地下鉄東豊線東区役所前駅から徒歩10分P180台※プレミアムツアー（有料）は要予約

🍶 月と太陽BREWING 本店
MAP P.34E-2
☎011-218-5311

店舗で仕込むオリジナルクラフトビールと各地の厳選クラフトビールが飲める。ビールに合う料理も豊富。
所札幌市中央区南3東1-3時17:30〜23:30（土・日曜・祝日は16:00〜）休不定休交地下鉄南北線すすきの駅から徒歩7分Pなし

❌ サッポロビール園
MAP P.33C-2
☎0120-150-550

サッポロビール博物館に隣接するビアホール。工場直送ビールが味わえ、北海道型の鍋でジンギスカンが食べられる。
所札幌市東区北7東9-2-10時11:30〜21:30LO休無休交地下鉄東豊線東区役所前駅から徒歩10分P180台

❌ 松尾ジンギスカン札幌駅前店
MAP P.34D-1
☎011-200-2989

滝川市に本店がある松尾ジンギスカンの直営店。独自のタレで味付けしたジンギスカンが人気。
所札幌市中央区北3西4-1-1 日本生命札幌ビルB1F時11:00〜14:30LO、17:00〜22:15LO休無休（ビルメンテナンス日は休み）交JR札幌駅から徒歩3分Pなし

❌ サンドイッチの店 さえら
MAP P.34D-2
☎011-221-4220

1975年オープンの、老舗のサンドイッチ専門喫茶店。たまご、えびカツ、カニ、フルーツなどから2種類を組み合わせられる。
所札幌市中央区大通西2 都心ビルB3F時10:00〜17:00LO休水曜交地下鉄大通駅から徒歩1分Pなし

絶景
13 二見吊橋
（ふたみつりばし）

MAP P.5B-2

☎定山渓観光協会

豊平川に架かる赤い吊り橋。かっぱ伝説発祥の地として有名な「かっぱ淵」を望み、10月中旬頃には紅葉のビュースポットとなる。

所札幌市南区定山渓温泉西4 時見学自由 休冬季通行止め 交バス停定山渓湯の町から徒歩5分 P公共利用

| Bestシーズン | 10月上旬〜中旬 |

定山渓温泉
（じょうざんけいおんせん）

札幌から車で50分

MAP P.5B-2

☎011-598-2012（定山渓観光協会）

修行僧の美泉定山（みいずみじょうざん）により、1866（慶応2）年に開湯した温泉。泉源は豊平川の川底で、川沿いに温泉宿が点在。気軽に利用できる手湯や足湯もある。紅葉の名所としても知られている。

【名物】

黒糖入りの皮に十勝小豆の餡がたっぷり

温泉まんじゅう 1個75円、16個入り 1209円

大黒屋商店
（だいこくやしょうてん）

MAP P.5B-2

☎011-598-2043

1931（昭和6）年創業の、手作り温泉まんじゅう専門店。毎朝ふかすまんじゅうは、黒糖入りでしっとりもちもち。

所札幌市南区定山渓温泉東4 時8:00〜18:00 休水曜（祝日の場合は営業） 交バス停定山渓湯の町から徒歩2分 P20台

ソフトクリームの中に温泉たまごが入った新スイーツ

温たま塩そふと 700円

J・glacée
（ジェイ グラッセ）

MAP P.5B-2

☎011-598-2323

名物のアップルパイ450円や、北海道ミルクのソフトクリーム、フルーツソースなどを使ったスイーツが揃う。

所札幌市南区定山渓温泉西4-356 時9:00〜17:00 休不定休 交バス停定山渓の町からすぐ P10台

【温泉】

足のふれあい太郎の湯
（あしのふれあいたろうのゆ）

MAP P.5B-2

☎定山渓観光協会

国道沿いにある天然温泉を引いた足湯。東屋があり、雨や雪の日でも楽しめる。自動販売機でタオルを購入できるので手ぶらでもOK。

所札幌市南区定山渓温泉東3 時7:00〜20:00 休無休 料無料 交バス停定山渓温泉東2丁目からすぐ P公共利用

定山源泉公園
（じょうざんげんせんこうえん）

MAP P.5B-2

☎定山渓観光協会

温泉入口にある公園。足湯や、温泉たまごが作れる「おんたまの湯」がある。生卵は近くの定山渓物産館にてネット入り3個120円。

所札幌市南区定山渓温泉東3 時7:00〜21:00 休無休 料入園自由 交バス停定山渓湯の町からすぐ P公共利用

札幌【絶景名所ナビ】

絶景ナビ 14 千歳・支笏湖氷濤まつり

MAP P.5C-3 ☎0123-23-8288 (支笏湖まつり実行委員会)

毎年多くの観光客が訪れる千歳の冬を代表するイベント。支笏湖の水を吹き付けて作る大小さまざまなオブジェがカラフルにライトアップされる。

所千歳市支笏湖温泉番外地 時1月28日〜2月23日(2023年)の10:00〜20:00(ライトアップは16:30〜) 休期間中無休 料入場500円 交バス停支笏湖からすぐ P公共有料利用

| Bestシーズン | 1月下旬〜2月中旬 |

【見どころ】

支笏湖観光船

MAP P.5C-3
☎0123-25-2031

水深2mの船底に水中窓があり、湖底の模様や柱状節理の崖、ヒメマスやウグイが泳ぐ様子が見られる。

所千歳市支笏湖温泉 時4月中旬〜11月上旬の8:40〜17:10(30分ごとに運航。季節により変動あり) 休期間中無休 料乗船1650円 交バス停支笏湖から徒歩3分 P公共有料利用

札幌から車で1時間10分

支笏湖

MAP P.5C-3 ☎0123-25-2404
(支笏湖ビジターセンター)

周囲約40km、最大水深363mの日本では2番目に大きなカルデラ湖。湖沼の環境省水質ランキングで11年連続1位だったこともあり、透き通る湖水は「支笏湖ブルー」と呼ばれている。

札幌から車で1時間30分

絶景ナビ 15 ウポポイ (民族共生象徴空間)

MAP P.5 C-3 ☎0144-82-3914

国立アイヌ民族博物館と国立民族共生公園などからなる。博物館ではアイヌの歴史や文化をさまざまな視点から紹介。公園では歌や踊りなど伝統芸能の上演や、アイヌ文化を体験できる豊富なプログラムを実施。

所白老町若草町2-3 時9:00〜18:00(土・日曜・祝日・7〜8月は〜20:00、11〜3月は〜17:00) 休月曜(祝日の場合は翌日以降の平日休。2023年3月20日は営業) 料入場1200円(博物館の特別展示や一部の体験メニューを除く) 交JR白老駅から徒歩10分 P557台

※博物館入館整理券(無料)の事前予約がおすすめ。取得方法は公式ホームページにて要確認

| Bestシーズン | 6〜10月 |

見どころ

伝統的コタン

アイヌの伝統家屋「チセ」が集まるコタン(集落)を再現。中ではコタンでの暮らしを紹介している。

国立アイヌ民族博物館

6つのテーマで多彩な資料を展示。1階にミュージアムショップがある。

体験交流ホール

アイヌ古式舞踊やムックリ(口琴)の演奏や、短編映像の上映など。

写真提供:(公財)アイヌ民族文化財団

16 絶景

登別温泉

地獄谷 (じごくだに)

MAP P.5B-3

☎登別国際観光コンベンション協会

直径約450mの爆裂火口跡で登別温泉の源泉地。終点の鉄泉池(間欠泉)まで遊歩道が設けられており、噴気孔を間近に見られる。

所登別市登別温泉町 時見学自由(冬季は遊歩道通行止め)交バス停登別温泉から徒歩15分 P有料165台

Bestシーズン　10月

登別温泉 (のぼりべつおんせん)

札幌から車で1時間20分

MAP P.5B-3 ☎0143-84-3311

(登別国際観光コンベンション協会)

源泉地の地獄谷から数種類の泉質の温泉が1日1万tも湧出する道内屈指の温泉地。1858(安政5)年に温泉小屋が建てられたのが始まりとされ、温泉街に十数軒の温泉宿が立つ。

【名物】 🍴

登別閻魔やきそば
980円

北海道小麦の平麺に
シーフードたっぷり

温泉市場 (おんせんいちば)

MAP P.5B-3
☎0143-84-2560

店内に大きな生け簀があり、刺身や丼、炭火焼きなど海鮮料理を提供。地獄の前浜丼980円、地獄のかに飯1580円などユニークなメニューが揃う。

所登別市登別温泉町50 時11:30～20:30LO(販売は10:30～21:30) 休無休 交バス停登別温泉から徒歩5分 P2台

地獄ラーメン0丁目
900円

0丁目でもピリ辛。1丁目
増すごとに+50円

味の大王 登別温泉店 (あじのだいおう のぼりべつおんせんてん)

MAP P.5B-3
☎0143-84-2415

地獄ラーメンが名物。0丁目を基本に、1丁目ごとにたっぷりの辛みスパイスが加わり辛さがどんどん増していく。あんかけ風麺の閻魔ラーメン1500円もある。

所登別市登別温泉町29-9 時11:30～15:00 休不定休 交バス停登別温泉から徒歩2分 Pなし

【見どころ】 🐾

大湯沼川天然足湯 (おおゆぬまがわてんねんあしゆ)

MAP P.5B-3

☎登別国際観光コンベンション協会

大湯沼川探勝歩道にある足湯。大湯沼から流れ出した高温の湯は次第に温度が下がり、足湯のベンチあたりでは約40℃。高温時は利用不可になる場合も。

所登別市登別温泉町 時日没まで 休無休 料無料 交バス停登別温泉から徒歩20分 P大湯沼駐車場利用(冬季閉鎖)

のぼりべつクマ牧場 (ぼくじょう)

MAP P.5B-3
☎0143-84-2225

温泉街からロープウェイで上ったクマ山の頂上にあるヒグマの飼育施設。クマのエサやり体験ができる。

所登別市登別温泉町224 時9:30～16:30(季節により変動あり) 休無休(3月頃に点検のためロープウェイ運休あり。HPにて要確認) 料入場2650円(ロープウェイ料金含む) 交JR登別駅から車で15分 P有料150台

17

絶景ナビ

壮瞥公園展望台

MAP P.5B-3 ☎0142-66-2121 （壮瞥町役場）

壮瞥公園にある展望台。洞爺湖と、晴れた日には羊蹄山やニセコ連峰まで望める絶景ポイント。約300本の梅の木がありお花見が楽しめる。

所 北海道有珠郡壮瞥町東湖畔 **時** 見学自由（10〜3月は閉鎖）**料** 入園無料 **交** JR伊達紋別駅から車で15分 **P** 15台

Bestシーズン	5月中旬

洞爺湖

札幌から車で2時間30分

MAP P.5B-3 ☎0142-75-2446 （洞爺湖温泉観光協会）

火山によって造られた周囲約43kmのカルデラ湖。コバルトブルーの湖の中央に4つの島からなる中島が浮かぶ。周辺は国立公園に指定され、世界ジオパークに登録されている。

【名物】

わかさいも
1個119円

白餡にイモの繊維に見立てた昆布を入れ焼きイモを表現

わかさいも本舗 洞爺湖本店

MAP P.5B-3
☎0142-75-4111

北海道銘菓わかさいもの本店。店内工房で「揚げたていもてん」や本店限定「じゃがいもサブレット」を販売。

所 洞爺湖町洞爺湖温泉144 **時** 9:00〜18:00 **休** 不定休 **交** 洞爺湖温泉バスターミナルから徒歩1分 **P** 100台

白いおしるこ
440円

白餡と牛乳で作ったおしるこに白玉団子がたっぷり

岡田屋

MAP P.5B-3
☎0142-75-2608

洞爺湖名物の白いおしるこのほか、自家製の甘酒などを提供。店内で焼くどら焼き165円も人気。

所 洞爺湖町洞爺湖温泉36 **時** 10:00〜15:00 **休** 不定休 **交** 洞爺湖温泉バスターミナルから徒歩3分 **P** 5台

【見どころ】

洞爺湖汽船

MAP P.5B-3
☎0142-75-2137

洞爺湖温泉から湖内の中島を周遊するクルーズ。羊蹄山や有珠山の展望を楽しめるほか、中島に上陸もできる。

所 洞爺湖町洞爺湖温泉町 **時** 9:00〜16:30（30分ごと冬季は60分ごと）**休** 無休 **料** 乗船1500円 **交** 洞爺湖温泉バスターミナルから徒歩5分 **P** 150台

有珠山ロープウェイ

MAP P.5B-3
☎0142-75-2401

ロープウェイの山頂駅にある洞爺湖展望台、そこから徒歩7分の有珠山火口原展望台から雄大な展望が楽しめる。

所 壮瞥町昭和新山184-5 **時** 8:15〜17:30（運行は15分ごと、季節により変動あり）**休** 無休（点検運休あり）**料** 往復1800円 **交** 洞爺湖温泉バスターミナルから車で15分 **P** 有料400台

月寒あんぱん

北海道で生まれた
ロングセラーの月寒あんぱん

あんぱん
151円
小麦、砂糖、鶏卵、蜂蜜など
で作る生地の中に十勝産の
こし餡が詰まっている
※2023年4月より1個162円

手作業で月寒あんぱんを作って
いた明治期のほんま。2021年に
創業115周年を迎えた

薄めの生地の中にこし餡がぎゅっと詰まった月寒あんぱん。一般的なあんぱんのようにふんわりしていないし、月餅のようだがそれとも違う。

月寒あんぱんは1906（明治39）年、ツキサップ（現在の月寒）で「ほんま」初代・本間与三郎氏により製造販売がスタートした。ルーツは東京で人気だった木村屋の桜あんぱんで、見よう見まねで作った人物よりレシピを伝授されたという。

明治40年代、月寒には道内最大の軍隊、陸軍歩兵第25連隊が駐屯しており、軍の間で月寒あんぱんは大人気となる。平岸から月寒に抜ける道路工事の際に軍に月寒あんぱんが提供されたこともあり、「アンパン道路」と呼ばれるように。

戦後の1946（昭和21）年、元祖月寒あんぱんメーカーとして製造を再開。1952（昭和27）年に株式会社本間商店設立。以来、素材の味を生かした月寒あんぱんはロングセラー商品となる。

【代表的な商品】

月寒ドーナツ
どさんこプレミアム
原材料にこだわ
った人気商品

ルナンセット
クッキー生地で
餡を包んで焼き
上げた

寒月
道産小麦使用。
こし餡とつぶ餡
の2種類がある

月寒あんぱん
復刻版
明治39年創業
当時の再現

月寒あんぱん
5種セット
黒胡麻、南瓜な
ど全5種類ある

GOURMET
GUIDE

札幌で
食べる

ラーメン

名物のワケ

札幌といえば味噌ラーメンが定番。味噌味のスープに玉子縮れ麺の濃厚な味わい。ラーメン文化が根付いており、味噌以外のバリエーションも多彩。

	大通公園周辺

味の三平（あじ さんぺい）

MAP P.34D-2 ☎011-231-0377

所札幌市中央区南1西3 大丸藤井セントラルビル4F 時11:00〜18:30頃 休月曜、第2火曜 交地下鉄大通駅から徒歩3分 Pなし

これも
オススメ！

名物の自家製シューマイ
1個70円は中濃ソースで

札幌味噌の元祖
味の三平の一杯

4代受け継がれる老舗。先代が1948（昭和23）年に、味噌汁にラーメンを入れたのが味噌ラーメン ブームのきっかけに。ピリ辛の味噌スープともちもちの縮れ麺、挽肉と野菜のハーモニーは見事。

味噌
味噌ダレは新潟産の白味噌をベースに作るオリジナル

鍋
中華鍋で具を炒めてからスープを注ぐ昔ながらの手法

麺
西山製麺の玉子縮れ麺は熟成させて茹でる前に手で揉む

味噌ラーメン
900円
丼の底からよくかき混ぜて、ぷりぷりの麺にスープをなじませて食べよう

味噌ラーメン
850円
トッピングされたおろし生姜がまろやかな味噌スープによく合う

そのままえびしお
900円
エビの風味を生かした"そのまま"のほか3種のスープがある

味噌ラーメン
980円
表面にたらしたラードが最後まであつあつの状態をキープ

札幌 [ラーメン]

焦がし味噌香る彩未のスープ

郊外にありながら行列の絶えない人気店。味噌に山椒や一味などを合わせて強火で作り上げる味噌ダレは、濃厚ながらもまろやかな味わい。

えびそば一幻のエビ尽くしラーメン

エビの頭でだしをとったスープ、トッピングにはエビ風味の天かすや粉末など、エビ味を堪能できる。塩、味噌、醤油がある。

濃厚な味がクセになるすみれの味噌

1964（昭和39）年創業の味噌ラーメンの人気店。パンチの効いた味噌スープに、コシのある縮れ麺がよく絡む。すすきのに支店あり。

札幌郊外
麺屋 彩未
（めんや さいみ）
MAP P.32D-2 ☎011-820-6511
所札幌市豊平区美園10-5-3-12 時11:00～15:15、木～日曜の17:00～19:30 休月曜、2回不定休 交地下鉄美園駅から徒歩3分 P27台

すすきの周辺
えびそば一幻
（いちげん）
MAP P.35C-3 ☎011-513-0098
所札幌市中央区南7西9-1024-10 時11:00～翌3:00 休不定休 交電停東本願寺前から徒歩8分 P11台

札幌郊外
すみれ 札幌本店
（さっぽろほんてん）
MAP P.33C-2 ☎011-824-5655
所札幌市豊平区中の島2-4-7-28 時11:00～15:00、16:00～21:00（土・日曜・祝日は通し営業、11～3月は～20:00）休無休 交地下鉄中の島駅から徒歩8分 P20台

喜來登の高層ネギタワー

ネギは細かく刻んでからさらしてあるのでアクがなく、スープに深みを与えてくれる。ほかにもモヤシや玉ネギ、挽肉がたっぷり。

すすきの
喜來登
（きらいと）
MAP P.34D-2
☎011-242-6070
所札幌市中央区南2西6-3-2岡田ビル1F 時11:40～21:00（スープがなくなり次第閉店）休木曜 交地下鉄すすきの駅から徒歩5分 Pなし

みそラーメン
900円
ネギのシャキシャキ感と甘みが白味噌ベースのスープと相性バツグン

横丁も！

すすきの
元祖さっぽろラーメン横丁
（がんそ）（よこちょう）
1951（昭和26）年に発祥した横丁。50mほどの路地の両側に新店から老舗まで17店舗が並び、食べ歩きができる。
MAP P.34D-3
所札幌市中央区南5西3 時店舗により異なる 交地下鉄すすきの駅から徒歩2分 Pなし

海鮮丼

名物のワケ

魚介が山盛りの海鮮丼は、必食北海道グルメ。札幌には道内各地の旬の魚介が集まるため、鮮度、コスパともにバツグンの夢の海鮮丼が味わえる。

これも
オススメ！

自家製イクラのいくら丼4500円と、旬のウニを味わえるこだわりの生うに丼4500円〜

新鮮魚介てんこ盛り
魚屋の台所の海鮮丼
二条市場の向かいにある、行列の絶えない人気店。店主が中央卸売市場から仕入れる旬の新鮮な魚介を、さまざまな海鮮丼で味わえる。イチオシは魚介を惜しみなくのせたおまかせ海鮮丼（上）。

おまかせ海鮮丼（上）
3300円
15〜20種類の具がのっているので、食べるときは別皿に取り分けて

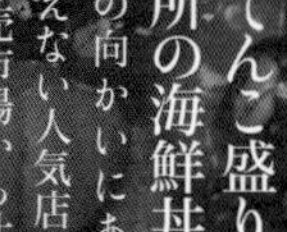

info

二条市場（にじょういちば）
創成川の東一帯に広がる歴史のある市場。魚介のほかみやげ物屋も多い。

MAP P.34E-2 ☎011-222-5308
所札幌市中央区南3東1〜2 時7:00〜18:00（店舗により異なる）休無休 交地下鉄大通駅から徒歩4分 Ｐなし

大通公園周辺
魚屋の台所 二条市場店
（さかなや だいどころ にじょういちばてん）
MAP P.34E-2 ☎011-251-2219
所札幌市中央区南2東2小西ビル1F 時7:00〜17:00（変動あり）休不定休 交地下鉄大通駅から徒歩4分 Ｐなし

海鮮丼
3270円
人気No.1の丼。塩水ウニ、エゾアワビ、タラバガニ、イクラなど15種のネタをオン！

カニ丼セット
2640円
ズワイガニ、タラバガニ、毛ガニのほぐし身や脚がのったカニ尽くしの丼

海鮮丼（中）
4000円
イクラ、ウニ、エビ、カニ、ホタテ、ホッキ貝などと、中央にサーモンがのる

食べたい丼が見つかる 北のグルメ亭

海鮮市場北のグルメ併設の食事処。イクラ、ウニ、カニなど新鮮な魚介を使った海鮮丼はさまざまな組み合せがある。豪快な海鮮丼3270円なら15種類の魚介が一度に。

札幌郊外
海鮮食堂 北のグルメ亭（かいせんしょくどう きたのグルメてい）
MAP P.33B-2
☎011-621-3545
所札幌市中央区北11条西22-4-1 時7:00〜14:30LO 休無休 ※札幌駅北口や一部ホテルから無料送迎あり

カニ丼を食べるなら 卸問屋直営のうめぇ堂

根室かに市場の奥にある、カニ卸問屋が営む食堂。カニ・イクラ丼2750円、カニ・ウニ丼4180円、カニ天ぷら丼2970円などがあり、すべての丼にカニ汁が付く。

札幌郊外
うめぇ堂（どう）
MAP P.33B-2
☎011-640-2333
所札幌市中央区北11西22-1-26 根室かに市場内 時7:00〜15:00 休無休

見た目もごちそう 味の二幸の海鮮丼

市場の駐車場に面した店。1970（昭和45）年創業の老舗店で、毎朝仕入れる新鮮な魚介を美しく盛り付けた丼が評判。サイズは大・中・小から選べる。定食や刺身もある。

札幌郊外
味の二幸（あじのにこう）
MAP P.33B-2
☎011-641-8933
所札幌市中央区北10西21-2-16 時7:00〜14:00LO 休水曜

info
札幌市中央卸売市場 場外市場（さっぽろしちゅうおうおろしうりしじょう じょうがいしじょう）

北海道最大の札幌市中央卸売市場の、場外に広がる市場。海産物、農産物を扱う店や飲食店が約60店舗集まっている。

MAP P.33B-2 ☎011-621-7044 （場外市場商店街振興組合）
所札幌市中央区北11西21 時6:00〜15:00頃 ※店舗により異なる 交地下鉄二十四軒駅から徒歩7分 P100台

寿司

道内各地はもとより全国の漁港から新鮮な魚介が集まる札幌。ウニ、イクラ、ボタンエビなど、魚を知り尽くした職人が握る、北の寿司を堪能しよう。

極上のネタと熟練の技を味わう

道南は松前出身の大将・川合さんの店。小上がりもあるが、ネタケースと職人技が眺められるカウンターがおすすめ。握りのセットは3種類あり3850～4400円、おまかせは8800円～。

すし KAN
すすきの

MAP P.34D-3 ☎011-531-1116
所 札幌市中央区南5西4 バッカスビル1F 時 17:30～翌0:30 休 日曜、祝日（時期により不定休）交 地下鉄すすきの駅から徒歩3分 P なし

松
3850円
ウニ、イクラ、カニ、タラコなど。ひと手間加えられた見た目も美しい

札幌 [寿司]

まつ
5000円
ウニやイクラ、毛ガニ、
ボタンエビなど10カン。
時季により多少変わる

本格寿司ながら
洋風エッセンスも

夫婦で営むアットホームな雰囲気の店。値段が手頃で常連客も多い。赤酢を使ったシャリはネタとの相性バッチリだ。コースは1万3200円～で、刺身や洋テイストのブイヤベースなどが出ることも。

鮨まつもと　すすきの

MAP P.34E-3 ☎011-252-7881
所札幌市中央区南5西3-8 N・グランデビルB1F 時18:00～23:00(土・日曜、祝日は～21:00) 休水曜 交地下鉄すすきの駅から徒歩3分 Pなし

おきまり握り
10カン 6600円
ウニやイクラ、毛ガニ、ボタンエビなど贅沢なネタ
(季節により変わる)

旬の魚介を
刺身と寿司で堪能

高級感のある店で本格的な握りを楽しめる。おすすめはおきまり握りや、握り10カンのほかに旬の食材を使った小鉢、お造り、焼き物などが味わえる豪華なコース。6～7品の「華」1万3200円。

すし屋のさい藤　すすきの

MAP P.34D-3 ☎011-513-2622
所札幌市中央区南6西4プラザ6・4ビル1F 時17:00～21:30LO 休不定休 交地下鉄すすきの駅から徒歩5分 Pなし

▌8800円のおまかせコースを頼んでみた！

セットがいろいろあるが、大将の地元、襟裳のツブや鮭など旬ネタが味わえるおまかせがおすすめ。テーブル席と個室もある。

握り5カン

すしほまれ　すすきの

MAP P.34D-2 ☎011-207-0055
所札幌市中央区南4西4-5 すずらんビル別館2F 時18:00～24:00(日曜、祝日は～23:00)。要予約 休不定休 交地下鉄すすきの駅から徒歩1分 Pなし

汁物

この日は海鮮土瓶蒸し。この後にデザートも！

焼き物

魚は季節により変わるが秋は焼きシシャモ

お刺身5点
ホタテやボタンエビ、マグロなど北海道のネタばかり

タラバガニ
小鉢と、太いタラバの脚肉登場。毛ガニになることも

いくら茶碗蒸し
お通しの後、自家製イクラがたっぷりの茶碗蒸し

ジンギスカン

名物のワケ

羊肉を専用の鍋（ジン鍋→P80）で焼き、タレをつけて食べるジンギスカン。肉の種類や部位、つけダレなどにこだわった個性豊かな店が揃う。

北海道各地のレアな羊肉

定番のオーストラリア産生ラム、マトン、アイスランド産ラムのほか、道産の羊肉がメニューに並ぶ。産地は時季により変わるが、白糠産、足寄産、士別産など。注文を受けてから手切りしていく。

これもオススメ！

シメに食べたい北海道産羊のカレー 550円

右：オーストラリア産生ラム1350円 左：オーストラリア産マトン869円

すすきの

札幌成吉思汗
しろくま本店

MAP P.34E-3 ☎011-552-4690

所札幌市中央区南6西3 ジョイフル札幌 1F 時18:00〜翌1:00LO（木〜土曜は〜翌1:30LO、日曜、祝日は17:00〜22:00LO）休不定休 交地下鉄すすきの駅から徒歩3分 Pなし

白糠町産生マトン 2900円

サッと焼いてタレにつけて。焼きすぎないのがコツ。厚切り大きめで食べ応えあり

すすきの

北海道産 羊・野菜
ふくすけ

MAP P.34D-3 ☎011-206-9698

所札幌市中央区南7西4-2-3 LC五番街1F 時17:00〜23:00 休日曜 交地下鉄すすきの駅から徒歩5分 Pなし

オシャレな店内でアスパラひつじを

美唄名産のアスパラを食べて育つうま味の濃い「アスパラ生ラムひつじ」。生アスパラとオーストラリア産生ラム肩ロースのセットは1900円。テーブルに換気扇があり空気もクリーン。

ひつじ愛コース 4950円

写真の7種類の肉に旬の野菜盛り、ひつじのチーズサラダ、岩瀬牧場のミニジェラートが付く

スープカレー

名物のワケ

スープ状のカレーに野菜やチキンなどの具がどっさり入った、札幌のご当地グルメ。スープの種類や辛さが選べるので、自分好みの味が作れる。

野菜それぞれの味を楽しめる

選べる4種類のスープは、豚骨、鶏ガラ、野菜などを2日間煮込み、魚介系だしを加えたスープがベース。野菜はそれぞれのおいしさを生かす調理方法で、全メニューに特大揚げゴボウ付き。

札幌
[ジンギスカン&スープカレー]

季節の旬菜カリー
1400円
日替わりで15〜20種類もの野菜が入った彩りも美しい一品

これも
オススメ！

チキンと野菜の
カリー1300円

すすきの
SOUL STORE
MAP P.34D-2 ☎011-213-1771
所札幌市中央区南3西7-3-2 F-DRESS 7 BLD 2F 時11:30〜15:00LO、17:30〜20:30LO 休不定休 交地下鉄すすきの駅から徒歩5分 Pなし

野菜をひとつずつ丁寧に盛り付け最後にスープを注ぐ

高圧釜でうま味を引き出したスープ

高圧釜を使って豚骨や鶏ガラ、野菜などからうま味を抽出。さらに魚介だしをブレンドして完成する濃厚なスープが人気。ライスは道産米に雑穀を混ぜた九穀米でヘルシー。

チキン野菜カリー
1500円
大きめカットの野菜がたっぷり入った、一番人気のメニュー。辛さは11段階から選べる

すすきの
スープカリー イエロー
MAP P.34E-2 ☎011-242-7333
所札幌市中央区南3西1 エルムビル1F 時11:30〜20:30LO 休不定休 交地下鉄すすきの駅から徒歩5分 Pなし

野菜の下にやわらかく煮込まれた大きなチキンレッグが隠れている

海鮮&炉ばた

名物のワケ

海産物が自慢の居酒屋が多い札幌。北の魚を刺身や焼き物、一品料理などで味わえる。炭火で魚を焼く昔ながらの炉ばた焼きの店も。

わがまま叶う寿司居酒屋

カウンターと個室からなる大人の雰囲気。生きが良く、質があり、魚介を中心にサラダや揚げ物など一品料理も多彩。寿司が1カンから注文できるのも人気だ。

本日の鮮魚5点盛り
2980円
活ツブ貝や活タコなどその日に仕入れた旬の魚介を美しく盛り付け

三海の華

<ruby>三海<rt>さんかい</rt></ruby>の<ruby>華<rt>はな</rt></ruby>　すすきの

MAP P.34D-3

☎011-513-3087

所札幌市中央区南5西4 富士会館ビル3F 時17:00～24:00LO 休日曜、祝日 交地下鉄南北線すすきの駅から徒歩3分 Pなし

①炭火で焼く活たこ焼750円 ②三海鮨2500円は活アワビほか10カン ③予約がおすすめ

炉ばたで焼かれる香ばしい魚

1954（昭和29）年から営業している炉ばた焼きの老舗。樹齢1000年以上というエゾマツの囲炉裏で、絶妙な火加減で焼かれる魚は外はカリッ、中はふっくら。

炉ばた焼 ウタリ

<ruby>炉<rt>ろ</rt></ruby>ばた<ruby>焼<rt>やき</rt></ruby> ウタリ　すすきの

MAP P.34D-3

☎011-512-3570

所札幌市中央区南5西5 時17:00～22:30LO 休日曜・祝日（連休時は要問い合わせ）交地下鉄南北線すすきの駅から徒歩3分 Pなし

ほっけ
1980円
北海道産の大きなほっけ。魚は店で干してから焼くため、よりうま味が凝縮

①炉を囲んで座る炉ばたスタイル ②天井に魚を吊るし炉ばたの熱で乾燥 ③店オリジナルの日本酒「神威岬」

道産肉＆ジビエ

名物のワケ

道肉各地でブランド肉が生産されており、肉のレベルも高い。野生のエゾシカ肉を気軽に食べることができるのも北海道の魅力だ。

札幌［海鮮＆道産肉］

道内各地の肉を食べ比べ

道内産のブランド牛や国産和牛、ジビエ肉を握った肉寿司が人気。人気は目の前で炙ってくれる炙り寿司で、美味さとろ600円。選りすぐりのワインと共に堪能できる。彩

肉寿司六種盛り合わせ
1848円

左から白老牛本わさび、牛タン（清水若牛）、ローストビーフ（八雲牛）、馬肉（九州産）、エゾシカ、鴨ロースの握り。仕入れにより内容は変わる

札幌肉酒場VOLTA

MAP P.34D-2

☎011-206-9255

所札幌市中央区南3西3 G-DINNING 5F 時18:00～23:00LO（金・土曜・祝前日は～翌4:00LO）休無休 交地下鉄南北線すすきのの駅から徒歩3分 Pなし

和風モダンな店内　　　和牛のロースを豪快に炙る

仔鹿のロースト
1600円

ジューシーな鹿肉に季節の野菜のグリル添え。和風ソースや山ワサビをつけて

1

2

1特製ダレに漬け込んで揚げた鹿ザンギ1100円**2**鹿サーロインのカルパッチョ1100円**3**店主の金森さんがひとりで切り盛り

3

エゾシカ肉をさまざまな料理で

札幌近郊の胆振地方の鹿肉を提供。メニューが豊富で値段も手頃だ。当日でも注文できる鹿肉プランは全5品＋120分飲み放題付きで4800円。昆布森産カキもぜひ。

鹿肉＆オイスターバル
SLOW DOWN
すすきの

MAP P.34D-3

☎011-522-6266

所札幌市中央区南7条西4-2-11 ショウビル1F 時18:00～24:00（日曜は～22:00）休月・火曜 交地下鉄南北線すすきの駅から徒歩5分 Pなし

名物のワケ

札幌の夜、食べて飲んだ後の楽しみがパフェ。深夜まで営業しているデザートバーが急増中で、シメにパフェを食べるのが定番に。

■1 Berry Berry Crazyは建物の2階。イチゴの暖簾が目印
■2 パフェ、珈琲、酒、佐藤のパフェは日本酒648円～にも合う

すすきの

スイーツ カフェ アンド バー ロジウラ カフェ
SWEETS CAFE and BAR ROJIURA CAFE

MAP P.34E-3 ☎011-530-1237

所札幌市中央区南6西3 TAKARA6.3 1F **時**18:00～24:00 LO（金・土曜は～翌2:00LO、日曜・祝日は～22:00LO）**休**不定休 **交**地下鉄すすきのの駅から徒歩3分 **P**なし※22:00以降はチャージ500円別途

すすきの

ベリー ベリー クレイジー
Berry Berry Crazy

MAP P.34D-2 ☎011-299-5858

所札幌市中央区南3西5-20 石輪ビル2F **時**12:00～22:30LO（変動あり）**休**火曜 **交**地下鉄すすきのの駅から徒歩5分 **P**なし

十勝産牛乳ソフトとイチゴのコラボパフェ

パティシエのオーナーが作るパフェは、自家製ソフトクリームをふんだんに使ったさっぱり系。パフェのほかパンケーキやピザ、パスタなどフードメニューも充実。

ベリーパフェ
1230円
中には2種のベリーヨーグルトムース。トップのクリームがソフトクリームと合う

フォトジェニックなイチゴ尽くしパフェ

太平洋に面した浦河町の「うらかわいちご」を13～14粒も使い、花びらのように盛り付けたパフェが人気。年間を通してフレッシュなイチゴが楽しめる。

札幌いちごぱふぇ
2000円
いちごパフェとドリンクのセット。イチゴ、イチゴコンポート、イチゴゼリーなどぎっしり

76

昼パフェは あの有名店で

雪印パーラー
大通公園周辺

MAP P.34D-1 ☎011-251-7530

所札幌市中央区北2西3-1-31 太陽生命
札幌ビル1F 時10:00〜17:30LO 休水曜
交地下鉄大通駅から徒歩2分 Pなし

アイスが美味しいスノーロイヤルティラミスパフェ1160円

昭和天皇・皇后両陛下のために作られたスノーロイヤル790円

パフェ、珈琲、酒、佐藤
大通公園周辺

MAP P.34E-2 ☎011-233-3007

所札幌市中央区南2西1-6-1 第3広和ビル1F 時18:00〜24:00（金曜は〜翌1:00、土曜は13:00〜翌1:00、日曜は13:00〜24:00）休不定休 交地下鉄大通駅から徒歩4分 Pなし

夜パフェ専門店Parfaiteria PaL
すすきの

MAP P.34E-2 ☎011-200-0559

所札幌市中央区南4西2-10-1 南4西2ビル6F 時18:00〜23:30LO（金・土曜・祝前日は〜翌1:30LO）休無休 交地下鉄すすきの駅から徒歩3分 Pなし

北海道のウイスキーやコーヒーと一緒にパフェを味わう

行列が絶えない人気店。和風の店内で、日本酒や焼酎などのアルコール類と、ネルドリップで淹れる本格コーヒーを提供。4種類のパフェのほかフロートなども。

塩キャラメルとピスタチオ
1454円
甘酸っぱいカシスムースとリンゴのジュレがさっぱりとした後味

見た目も味のバランスも計算し尽くされたパフェ

シメパフェ文化を牽引する人気店。飲んだ後にもさっぱり食べられるよう素材はもちろん、甘さと酸味のバランスを重視。美しい盛り付けも魅力だ。常時6種類からチョイスできる。

ピスタチオとチョコレート
1680円
フランス産チョコレートを使用した風味豊かなジェラートとピスタチオが好相性

人気のワケ

札幌はコーヒーの町といわれるほど、至るところにカフェがある。観光の途中にこだわりのコーヒーと、手作りのスイーツでひと息つける。

MORIHICO.ブレンド
（カップ）638円
ブレンドはフレンチとマイルドがあり、プラス250円でポットにも

シブースト
528円
じっくり煮詰めたリンゴのコンポートとカスタードベースのクリームがマッチ

コーヒーブランド
森彦のコーヒー

コーヒー好きに愛される森彦のカフェ。店内には懐かしい雰囲気が漂う。注文が入ってから豆を挽き、丁寧に淹れるコーヒーは香りが格別。ケーキは常時5種類ほど。11時まではモーニングセットもある。

西11丁目

ATELIER Morihiko
（アトリエ　モリヒコ）

MAP P.35B-2

☎ **0800-222-4883**

所 札幌市中央区南1西12-4-182　時 8:00～21:30LO（土・日曜・祝日は11:00～）　休 無休　交 地下鉄東西線西11丁目駅から徒歩3分　P 4台

1 オリジナルのネルフィルターで抽出 2 足踏みミシンなどがある懐かしい空間 3 モリヒコオリジナルコーヒー豆の販売もしている

３種類＋αの
ミルクが選べるラテ

路地裏にある小さなコーヒースタンド。美瑛や滝上など、道内数カ所の生産者から直接仕入れる牛乳とコーヒーを組み合わせるラテが人気。美しいラテアートにも注目。

バリスタートラテ
630円〜
ミルクに合わせた自家焙煎豆を使用している。テイクアウトのみ

大通公園周辺

テイクアウト中心だが、店内にはカウンターが数席ある

BARISTART COFFEE
バリスタート / コーヒー

MAP P.34D-2 ☎011-215-1775
所札幌市中央区南1西4-8 NKCI-4第ニビル1F 時10:00〜17:00 休不定休 交地下鉄大通駅から徒歩3分 Pなし

スイーツセット
1040円
年輪をイメージしたココアクレープのケーキ、リタルロールとコーヒーのセット

円山

自家焙煎コーヒーの香りに包まれて

世界中から取り寄せたコーヒー豆を丁寧に焙煎したオリジナルのコーヒーが自慢。ブレンド630円〜など16種類以上ある。

RITARU COFFEE
リタル / コーヒー

MAP P.33B-2 ☎011-676-8190
所札幌市中央区北3西26-3-8 時8:30〜20:30 休不定休 交地下鉄西28丁目駅から徒歩3分 P8台

悪魔のぱんけーき
1600円
イチゴや数種のベリーに、ミックスベリーのソースの風味がぴったり。ドリンク付き

円山

ふんわりとろりパンケーキの人気店

円山エリアにあるパンケーキの人気店。一番人気の天使のぱんけーきを含む5種類のパンケーキ1600円〜はドリンク付き。

円山ぱんけーき
まる / やま

MAP P.35A-3 ☎011-533-2233
所札幌市中央区南4西18-2-19 ブリランテ南円山1F 時11:00〜18:30（生地がなくなり次第終了） 休水曜 交地下鉄西18丁目駅から徒歩7分 P4台

食
× ジンギスカン

ジンギスカンとジン鍋のルーツ

道民食ジンギスカンの
ジン鍋文化を大解剖！

家族の集まりや花見など、イベントの定番ジンギスカン。
ジンギスカンに使われる鍋にスポットを当ててみた。

ジンギスカンとは？
そのルーツを探る

　中国北部で、大鍋を囲み、羊肉を焼いて食べたカオヤンロウという料理がジンギスカンのルーツとされる。日本では第一次世界大戦後に羊毛の輸入が途絶えたため、札幌の月寒や滝川など全国5カ所に種羊場が造られた。羊肉の食べ方も研究され、中国の大鍋スタイルが小型になり、変化しながら現在のジンギスカンとなった。

【スリット型鍋の名称】

てっぺん部分
真ん中に牛脂を置くと、脂が全体に広がる

星型スリット
星型に溝が切られている。スリットはないものも

脂だまり
脂の周りに野菜を置き、溜まった脂で焼く

脂排出口
溜まった脂を、鍋を傾けて排出する部分

取っ手
鍋を持つ取手はどの鍋にも付いている

肉は星型部分、野菜は脂だまりで焼く

炭からガスになり
鍋も進化していく

　最初のジンギスカン鍋は、調理に使われていた七輪に合わせて製造された。炭の遠赤外線効果と、肉の脂が炭に落ちることによる燻製効果で肉がおいしくなるようにスリットがある。プロパンガスのガスコンロが一般的になると、スリットは消えていった。

左は七輪とスリットありの鍋、右はコンロとスリットなしの鍋

地域による
食べ方の違い

　大正期のジンギスカンは、焼いてタレをつけるつけダレ式が主流だったが、1956年に滝川にあった松尾ジンギスカンが味付けジンギスカンを商品化。現在は滝川、旭川、帯広などは味付式、札幌や小樽、函館、釧路などはつけダレ式が多いが、双方混在している。

市販のタレも販売され家庭で手軽に楽しめる

松尾ジンギスカンの味付けスタイル

いろいろなジンギスカン鍋

川型スリット
網から発展した初期型。スリットが一方向の川型

星型溝つき深鍋
溝が星型になり、野菜が落ちないように溝が深くなる

天平型溝なし
味付け肉を平らなところで焼き、溝では野菜を煮込む

煙突深型
煙突が天板にあるふた付き。旭川で作られた鍋

溝あり仕切り付き
仕切りのある珍しい鍋。岩見沢で使われていた

北海道型変形鍋
札幌の鉄工所が考案。サッポロビール園で使用されている

ジン鍋アートミュージアム
古鍋・珍鍋・アート鍋、約500枚のジン鍋を展示する国内唯一の私設博物館。

MAP P.4D-2
☎090-7054-0971（溝口氏携帯）
所岩見沢市栗沢町万字仲町8 圏4〜10月の月1回程度土・日曜開館予定
料無料 交JR岩見沢駅から車で40分 Pスペース有り

SHOPPING
GUIDE

札幌で
買う

北の五大銘菓

誰にでも喜ばれる北海道銘菓。
ロングセラーから話題のものまで
お気に入りをお持ち帰り！

ロングセラーの六花亭スイーツ

マルセイバターサンド
5個入り700円
バターとホワイトチョコ、レーズンのクリームをビスケットでサンド **A**

雪やこんこ
8枚入り870円
ブラックココア入りのビスケットの中にホワイトチョコ **A**

**マルセイ
バターケーキ**
5個入り730円
バターが香るしっとりとしたスポンジ生地でチョコガナッシュをサンド **A**

ストロベリーチョコ
ホワイト＆チョコ各680円
フリーズドライした
完熟イチゴをチョコ
でコーティング **A**

カフェ＆テイクアウト
2階の喫茶室ではオリジナルのスイーツやピザなどが食べられる。イートインスペースも。

ホットケーキ
750円
バターをたっぷり
塗って、メープルシロップをかけて

マルセイアイスサンド
250円
レーズンを加えた
ホワイトチョコ入り
のアイス

A **六花亭** 札幌本店（ろっかてい さっぽろほんてん）
MAP P.35C-1 ☎0120-12-6666
所 札幌市中央区北4西6-3-3 時 10:00〜17:30（喫茶は11:00〜16:00LO、季節により変動あり）休 無休（喫茶は水曜休）交 JR札幌駅から徒歩3分 P なし

札幌駅周辺

**白い恋人
ホワイトチョコレートプリン**
3個入り 1080円
オリジナルブレンドのホワイトチョコレートが練り込まれたなめらかでコクのあるプリン **B**

白い恋人
3枚入り250円
3枚入りが購入できるのはこのショップのみ。ラッピングも **B**

**白いバウム
TSUMUGI**（ツムギ）
1382円
「白い恋人」のホワイトチョコレートを
練り込んだバウムクーヘン **B**

有名な「白い恋人」と白いスイーツいろいろ

B **ISHIYA**（イシヤ） 札幌大通本店（さっぽろおおどおりほんてん）
MAP P.34D-2 ☎011-231-1483
所 札幌市中央区大通西4-6-1 札幌大通西4ビル1F 時 10:00〜19:00 休 無休 交 地下鉄大通駅からすぐ P なし

大通公園周辺

i・ガトー 各237円
ホワイトチョコレートを
練り込んだ焼き菓子 **B**

美冬（みふゆ） 各151円
ミルフィーユをチョコでコーティングした人気商品 **B**

小熊のプーチャン
バター飴
690円
道産バターと厳選
素材を使用 **C**

山親爺
丸缶2800円
スキーを履いた
クマがマークの
ほんのり甘い洋
風せんべい **C**

レトロかわいい
千秋庵のパッケージ

札幌娘
各190円
桃山餡に栗が丸
ごと1つ入った千
秋庵の看板商
品 **C**

ノースマン
5個入り980円
道産小豆餡入り
の甘さを抑えた
しっとりパイ **C**

札幌[五大銘菓]

C 札幌 千秋庵本店

MAP P.34D-2 ☎011-205-0207

所札幌市中央区南3
西3 時10:00～18:00
休無休 交地下鉄す
すきの駅から徒歩3
分 **P**なし

道産食材を使ったスイーツ
きのとやの

福かしわ
6枚入り1188円
柏の葉をモチーフにし
たサブレ。バター風
味のやさしい味 **E**

札幌農学校
12枚入り
650円
サクッと食感のいいミ
ルククッキー **E**

ユートピアの
おいしい飲むヨーグルト
150ml 194円、
500ml 388円
直営牧場の放牧乳
牛で作る、フレッ
シュな飲むヨーグ
ルト **E**

北海道開拓おかき
490円
えりも昆布味な
ど全10種のライ
ンナップ **D**

北海道廰立圖書館
1箱1188円
札幌本館限定。
別々に包装されて
いるチョコをクッ
キーでサンド **D**

絶品！北菓楼の
バウムクーヘン

バウムクーヘン
妖精の森（高さ6cm）
1944円
北海道の素材にこだわっ
たしっとりバウム。高さ4
～8cmまでの3サイズと
個包装タイプがある **D**

はまなすの恋
12枚入り693円
食感のいいミルクチョ
コサンドクッキー **D**

カフェ＆テイクアウト

ショーケースに並ぶケーキか
ら好きなものを選んでカフェ
やイートインコーナーでいただ
こう。

オムパフェ
594円
生クリームやフルーツ
たっぷりのオムレット

E きのとや
大通公園店・きのとやカフェ

MAP P.34D-2
☎011-233-6161

所札幌市中央区大通西
3-7 大通ビッセ1F 時
10:00～20:00 休大通ビッ
セに準ずる 交地下鉄大
通駅直結 **P**契約利用

大通公園周辺

カフェ

1階ではソフトクリームの
販売も。2階のカフェに
はスイーツのほかランチ
メニューもある。

北菓楼自慢の
オムライス
1100円
道産牛とキノコ
を炒め醤油で味
付けした特製オ
ムライス

ケーキセット
ドリンク付き917円
選んだケーキにソ
フトクリームとシフ
ォンケーキが付く

D 北菓楼
札幌本館

MAP P.34D-2
☎0800-500-0318

所札幌市中央区北1西5
1-2 時10:00～18:00（カ
フェは11:00～17:00） 休
無休 交地下鉄大通駅か
ら徒歩4分 **P**なし

大通公園周辺

道内各地のチーズ

鶴居村農産畜産物加工施設 酪楽館（鶴居村）
ナチュラルチーズ
鶴居シルバーラベル
100g 661円
80日以上熟成
させたナチュラ
ルチーズ。熱に
溶けやすく温か
い料理にも

ながぬまアイス（長沼町）
ながぬまカチョカバロ
200g 972円
ミルクの風味が
口いっぱいに広
がる。温めるとさ
らに美味

ニセコチーズ工房（ニセコ町）
雪花ドライフルーツ
150g 1404円
クリーミーなチーズにパパイヤとパイ
ナップルのドライフルーツをまぶして

月のチーズ（滝上町）150g 951円
フレッシュクリームチーズ ハスカップ＆ハニー
ハスカップソースと滝上町で採れた蜂蜜
をブレンドしたフレッシュクリームチーズ

きたキッチン オーロラタウン店

MAP **P.34E-2** ☎011-205-2145

所札幌市中央区大
通西2 さっぽろ地下
街オーロラタウン 時
10:00〜20:00 休地
下街に準ずる 交地
下鉄大通駅直結 P
契約利用

大通公園周辺

新札幌乳業（札幌市）
北海道カマンベール
チーズ
135g 1321円
もちもち食感と
クリーミーな味
わい、クセのない
後味も特徴

鮭とイクラ

鮭やイクラ
オリジナル
鮭加工品が
いろいろ

サーモンオリーブ
110g 672円
天然の鮭を醤油とオ
リーブオイルで味付
け。サラダやワインと
も相性がいい

手まり筋子
100g 2340円
ひと口サイズに加工
された食べやすさが
自慢の筋子。醤油
味、塩味、明太味が
ある

秋鮭石狩味
110g 802円
鮭をこうじで熟成さ
せたロングセラー商
品。ご飯によく合う。
イクラ入り

鮭バターフレーク
110g 575円
天然鮭のほぐし身にバター
を合わせたフレーク。パスタ
など洋風料理にも合う

サーモンロール
各658円
鮭をロール状にし
た加工品。そのま
ま食べることがで
き、使いやすさで
人気。下はチーズ
入り

佐藤水産本店

MAP **P.34D-1** ☎011-200-3100

所札幌市中央区北4
西3交洋ビル 時9:30
〜18:30 休無休 交
JR札幌駅から徒歩1
分 P契約利用

札幌駅周辺

鮭醤油
150ml 340円
農学博士の小泉武
夫氏がプロデュース。
鮭を使った魚醤

札幌［食みやげ］

話題の道産ワイン

小樽
北海道ワイン
おたる醸造
旅路 オレンジワイン
1661円
余市町の地葡萄・旅路種の果皮と種とともに発酵させることで、皮から色素、種からうま味が染み出す

三笠市
山崎ワイナリー
ピノ・グリ
3355円
自社畑のブドウのみを使用している個人生産者。熟したトロピカルフルーツやマンゴーの香り

三笠市
タキザワ・ワイナリー
ソーヴィニョン・ブラン
5390円
自社畑産ソーヴィニョン・ブラン種の白。2020年は量、質ともに恵まれ、さわやかな酸味とミネラル感が調和

余市
オチガビ・ワイナリー
キュヴェ・カベルネ
4510円
ドイツの黒葡萄とカベルネ種を交配した4品種を自社畑で栽培し、発酵後に新樽で6カ月熟成

奥尻島
奥尻ワイナリー
ピノ・グリ
3190円
奥尻島の潮風で育ったミネラル感のある味とふくよかなコクが特徴。ラベルは島のシンボル鍋釣岩

話題のハイレベルな北海道産ワイン

富良野
ふらのワイン
ミュラートゥルガウ
1850円
フレッシュでフルーティーな中口タイプ。青リンゴのような香りとさわやかな酸味が特徴

千歳
千歳ワイナリー
ケルナー
2640円
余市町木村農園のケルナー種を使用した辛口の白。フルーティーな風味と柑橘系の苦みが広がる

池田町
十勝ワイン
ブルーム 山幸 ロゼ
3630円
十勝ワインの代表品種「山幸」の辛口タイプのロゼ・スパークリング。酸味とスパイシーさが引き立つ

札幌
藤野ワイナリー
ミキノホトリ ブラン 2020
2640円
余市産ミュラートゥルガウ種69%、ケルナー種31%を使用し天然酵母の力で醸造したさわやかな青リンゴや西洋梨などの香り

小樽
オサワイナリー
オーシャン2021
3410円
余市産のデラウエア種96%、旅路種4%をブレンドした辛口のスパークリングワイン。柑橘系の香りとキレがある

富良野
ふらのワイン
バレルふらの赤 2019
2400円
赤はセイベル種とオーストリア原産のツヴァイゲルトレーベ種をブレンドしフレンチオークで12カ月熟成

ワインショップ
フジヰ
MAP P.34D・E-2
☎011-231-1684
所 札幌市中央区南3西3-1-2
営 11:00～20:00 休 第2・3日曜（月曜が祝日の場合は月曜定休）交 地下鉄すすきの駅から徒歩5分 P なし

すすきの

北海道のおみやげが何でも揃うショップ。
店内で作るスイーツやザンギ、
オリジナル商品のDO3TABLEシリーズも話題。

北海道四季マルシェ

七飯町産りんごパウダー使用
ちょこもっち りんご
594円
七飯町のリンゴをパウダーにし
てホワイトチョコレートに練り
込み、北海道銘菓「きびだん
ご」にコーティング

ドーサンテーブル
DO3TABLE

今日ジャム
北海道さつまいもバター
756円
「今日ジャム」は北海道産の素
材を生かした果実と野菜のみ
を使用した9種類のジャム。さ
つまいもとバターがマッチ

北海道産根室のさんま
黒胡椒醤油煮
598円
根室の花咲港に水揚げされる
サンマを「菊詰め」と呼ばれる
花びら形に詰めた缶詰。コショ
ウが味のポイント

北海道産いわしのコンフィ
オリーブオイル煮
698円
イワシをオリーブオイル、
なたね油、食塩のみを使
い低温で煮込んだコンフ
ィ。添加物不使用

お持ち帰りの布袋（ほてい）

（左）布袋のヤムニョムザンギ1個250円
（右）布袋のザンギ 1個200円
札幌の老舗大衆中華料理店「布袋」の揚げたてザン
ギをテイクアウトできる。定番のザンギとここでしか
購入できない限定ヤムニョムザンギの2種類あり

札幌農学校（さっぽろのうがっこう）

焼きたてクッキーサンド
餡バター
1個216円
5個入り1080円
店内で焼き上げる北海道ミル
ククッキーに道産バターを使っ
たバタークリームと、十勝産小
豆の餡をサンドした北海道四
季マルシェ限定品

札幌駅

北海道四季マルシェ
札幌ステラプレイス店（てん）
MAP P.34D-1
☎ **011-209-5337**
所 札幌市中央区北5西2 札幌ステ
ラプレイスセンター1階 営 8:00〜
21:30（札幌農学校は9:00〜21:
00、お持ち帰りの布袋は11:00〜
21:00）休 無休 交 JR札幌駅直結
P 有料契約利用

86

個性豊かな雑貨が集合！

道内・海外の
クリエイター
デザイン雑貨を
セレクト

セレクトショップ

札幌［食みやげ・雑貨］

ミナ・ペルホネン×
パスザバトンのマグ
各1870円
「咲いている花にただ笑
ふ。」をテーマにしたリサイ
クルテーブルウェア **C**

KAMI グラス
3520円〜
旭川の高橋工芸によるろくろ
挽きによる木のグラス **B**

かもめ食堂
スポンジワイプ
各1930円
食器のマットや、濡
らしてふきんとして
利用できるスポン
ジワイプ **C**

LAPIN
3万9600円
建築家・中村好
文氏デザインの
かわいい木製イ
ス。受注生産、
送料別 **B**

デンマークKÄHLER社のピッチャー
左6930円　右5500円
陶磁器ブランド「ケーラ
ー」のフォルムがかわい
いピッチャー。ミルクや
ドレッシング入れに **C**

ぐいのみ　各3850円
シラカバの木をくりぬいて
作った木製グラス **B**

前掛けバケツ型トート
1万2000円
八百屋や酒屋の前
掛けをリメイクした
トート。布がしっか
りしていて丈夫 **A**

ムムリク スオミ
KUMAKKOトート
5390円
オリジナルプリン
トのトート。サイズ
や色のバリエが豊
富 **A**

烏賊七宝
クマシャケブローチ
各6500円
北海道の動物を
モチーフにした、
七宝焼きのブロ
ーチ **A**

森の妖精トムテ
各1890円
スウェーデンではクリス
マスに小人のトムテが
子どもたちにプレゼン
トを運んでくれるそう。手
作りの一点もの **C**

前掛けポシェット
8500円
前掛けと法被をリ
メイクした、小さめ
サイズのポシェッ
ト **A**

C 大通公園周辺
ピッコリーナ
piccolina
MAP P.34E-2 ☎011-212-1766
所札幌市中央区南1西1-2 大沢ビル4F
時11:00〜19:00 休水曜、不定休あり 交
地下鉄大通駅から徒歩2分 Pなし

B 大通公園周辺
カナタ　アート　ショップ
kanata art shop
MAP P.34D-2 ☎011-211-0810
所札幌市中央区大通西5丁目 大五ビルヂ
ング6F 時11:00〜18:00 休土・日曜、祝日
交地下鉄大通駅から徒歩2分 Pなし

A 円山
オリガミ
origami
MAP P.33B-2 ☎011-699-5698
所札幌市中央区南2西25-1-21 時12:
00〜18:00 休月〜水曜 交地下鉄円山
公園駅から徒歩2分 P1台

食
×パン

food & story

歴史 ×物語　　　旅 ×物語

北海道で食べたいパンの旅

三大ローカルパンと道産小麦100%のパン

北海道では普通に見かけるユニークなパンに注目！全国6割の生産量を誇る道産小麦を使ったこだわりパンも急増中。

十勝の豆がいっぱいの【豆パン】

パンに甘く煮た豆を練り込んで焼き上げた豆パンは、北海道ではいろいろなメーカーが製造。発祥は1931（昭和6）年創業のロバパンと言われ、創業者が1940（昭和15）年、北海道大学の教授と生徒に豆の煮付け方を教わり、それをパンに使ったことが始まり。素朴なパンとほんのり甘い豆の味は、老若男女に愛されている。

🥖 購入はスーパーやコンビニで

ロバパンの豆パンは表面に十勝金時豆がたくさん付いている

斬新な組み合わせの【ようかんパン】

パンに羊かんがコーティングされているのが「ようかんパン」。こちらも北海道ではよく見かけるパンのひとつで、複数のメーカーが製造している。形は円形のものや、エクレアのような細長いもの、ツイストタイプがある。さらに、中にクリームが入っているものも。食べてみると羊かんとクリームが絶妙なハーモニーの和洋折衷パンだ。

🥖 購入はスーパーやコンビニで

旭川のサンデリカのようかんパン。中にホイップとカスタードクリーム

サンデリカのようかんツイスト。ホイップクリーム入り

どんぐり発祥の【ちくわパン】

1983年に円山の喫茶店「珈琲舎どんぐり」がパン屋を出店。そこでお客さんから、ちくわの入ったパンを作ってみたらと言われたことから「ちくわパン」は生まれたという。ちくわの中の具材をいろいろ試した結果、ツナサラダに決定。今では各メーカーも参入し、北海道を代表するパンに。

ちくわの穴にツナサラダが詰まっている。マヨネーズの香りも合う

どんぐり大通店（おおどおりてん）
MAP P.34E-2 ☎011-210-5252

所 札幌市中央区大通1-13 ル・トロワ1F 時 10:00〜21:00 休 ル・トロワに準ず 交 地下鉄大通駅から徒歩2分 P なし

ハード系からスイート系までバリエーション豊かなコロンのパン

全国一の生産量！【道産小麦のパン】

北海道の小麦は薄力粉から強力粉まで種類も豊富。道産小麦にこだわるパン屋も増えている。パンには主に「春よ恋」や「きたほなみ」、「ゆめちから」などの小麦が使われている。

保存料、着色料など不使用のボームの無添加パン

boulangerie coron（ブーランジェリー コロン）
丸井今井 札幌店
MAP P.34E-2 ☎011-221-0088

所 札幌市中央区南1西2 丸井今井札幌本店 大通館B2F 時 10:30〜19:30 休 丸井今井札幌本店に準ず 交 地下鉄大通駅から徒歩1分 P 公共有料利用

boulangerie Paume（ブーランジェリー ボーム）
南3条店
MAP P.34D-2 ☎011-231-0024

所 札幌市中央区南3西7 Kaku Imagination 1F 時 11:00〜19:00 休 月曜（祝日の場合は営業）・火曜 交 地下鉄大通駅から徒歩8分 P なし

88

AREA
GUIDE

小樽

周辺スポットからの アクセス

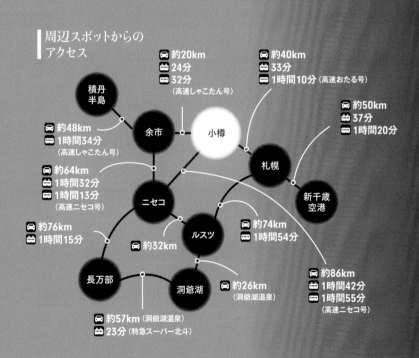

🚗 約20km
🚌 24分
🚆 32分
（高速しゃこたん号）

🚗 約40km
🚌 33分
🚆 1時間10分（高速おたる号）

🚗 約50km
🚌 37分
🚆 1時間20分

🚗 約48km
🚆 1時間34分
（高速しゃこたん号）

積丹
半島

余市

小樽

札幌

新千歳
空港

🚗 約64km
🚌 1時間32分
🚆 1時間13分
（高速ニセコ号）

ニセコ

ルスツ

🚗 約74km
🚆 1時間54分

🚗 約76km
🚆 1時間15分

🚗 約32km

🚗 約86km
🚌 1時間42分
🚆 1時間55分
（高速ニセコ号）

長万部

洞爺湖

🚗 約26km
（洞爺湖温泉）

🚗 約57km（洞爺湖温泉）
🚆 23分（特急スーパー北斗）

1 小樽芸術村の似鳥美術館1階にあるルイス・C・ティファニー ステンドグラスギャラリー 2 手宮線跡地は遊歩道として整備されている 3 かつての銀行の様子がわかる旧三井銀行小樽支店(小樽芸術村) 4 ルタオの看板商品ドゥーブルフロマージュ 5 小樽駅はホームにもランプが 6 祝津パノラマ展望台からの絶景 7 小樽運河と倉庫群

小樽
おたる

幻想的なステンドグラス美術館へ

運河とガラスの
レトロタウン

積丹半島から石狩湾へと続く、約69kmの海岸に沿って広がる小樽。かつて北海道経済の中心を担った歴史のある町で、小樽運河をはじめ、旧銀行の建物や倉庫が多く残る。歴史的建造物を巡りながら、堺町通りで小樽ガラスのおみやげ探しや、スイーツ食べ歩きをするのが楽しみ。港町ならではの新鮮な海鮮料理、ご当地グルメもいろいろある。小樽からひと足のばして、積丹半島やニセコへのドライブもおすすめだ。

積丹ブルーの絶景を見に行こう！

2 積丹半島
しゃこたんはんとう

BEST 絶景 📷

日本海に突き出した半島。ウニと積丹ブルーと呼ばれる美しい海が有名。6〜8月はウニ目当てに多くの人が訪れ、ウニ丼の店には行列ができるほど。

絶景ナビ **神威岬** ▶P.108

羊蹄山を望むアクティビティフィールド

3 ニセコ

BEST 絶景 📷

ニセコはニセコ、倶知安、蘭越の3町の総称。スキーリゾートとして世界的に有名だ。夏はラフティングやトレッキングなどアクティビティが盛ん。

絶景ナビ **三島さんの芝ざくら庭園** ▶P.110

1日で観光もグルメも楽しめる

1 小樽

BEST 絶景 📷

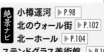

札幌から日帰りで訪れることができる人気の港町。JR小樽駅から小樽運河、堺町通りと中心部なら徒歩で回れる距離。メインストリートの堺町通りには、ガラス製品の店やスイーツの店が並ぶ。

絶景ナビ
小樽運河 ▶P.98
北のウォール街 ▶P.102
北一ホール ▶P.104
ステンドグラス美術館 ▶P.105
カトリック小樽教会 富岡聖堂 ▶P.106

札幌から日帰りで
【上手に巡るヒント！】

2 拠点となる駅は小樽と南小樽

札幌方面から南小樽駅で下車して帰路は小樽駅から。三角市場で朝食を食べるなら小樽駅下車で帰路は南小樽駅から。

1 最も速いのは快速エアポート

新千歳空港から小樽まで快速エアポートが運行、所要1時間15分。札幌からも快速利用が最速で所要33分。

人力車

小樽運河に架かる浅草橋から乗り、北のウォール街を巡る小樽運河遊覧コースが人気。
🚃小樽運河遊覧1人3000円、2人4000円

レンタサイクル

小樽駅周辺にレンタサイクル店がいくつかあり、手荷物預かりサービスを行っている店もある。料金の目安は3時間1000円。

【交通案内】

バス

小樽駅前バスターミナルから市内の主なスポットを巡るおたる散策バスがある。1日券なら市内線も乗り放題。ルートは付録MAP参照。おたる水族館や天狗山ルートもある。
※2022年12月現在運休中。
北海道中央バス小樽ターミナル
☎0134-25-3333

229
小樽駅
南小樽駅
余市駅
2
仁木駅
JR函館本線
1
札樽自動車道
276
俱知安駅
276
3
ニセコ駅
5
N
0 10km

⚠ ご注意を

車利用の観光は駐車場確保が大事

車で小樽観光する場合は、駐車場の位置と料金を確認しよう。場所によっては法外に高い場合も。長時間なら観光船乗り場の観光駐車場がお得。
問い合わせ先
小樽観光協会 ☎0134-33-2510

日帰りで小樽の主要スポットをチェック！
小樽運河から堺町通りをぶらり散歩

 絶景ナビ　小樽運河〜運河クルーズ〜小樽芸術村〜北一硝子〜ルタオ本店

1日コース 公共交通機関で

札幌から日帰りで小樽へ。小樽運河から堺町通りを歩いて、小樽の見どころとガラスショッピング、スイーツ食べ歩きを楽しもう。

START

JR札幌駅

🚃 JR快速エアポート33分
または
🚌 バス1時間10分

9:00 ノスタルジックな小樽駅

JR小樽駅（おたるえき）

小樽駅の構内にはランプがたくさんありレトロな雰囲気。小樽の名産品を集めた「駅なかマート タルシェ」もチェックしよう。

👣 徒歩1分

駅前通りを行くと、かつての小樽の繁栄を支えた手宮線の廃線跡が南へとのびている。線路沿いを歩いて北のウォール街へ。

▶P.107

👣 徒歩5分

さっそく駅前で腹ごしらえ。三角市場は海産物を扱う商店と海鮮丼の店が並ぶ小さな市場。

食事処

▶P.115

10:10 北のウォール街を代表する建物

日本銀行旧小樽支店（にっぽんぎんこうきゅうおたるしてん）
金融資料館（きんゆうしりょうかん）

絶景ナビ

▶P.102

北海道の経済の中心として栄えた、小樽を象徴する堂々たる銀行建築。内部を見学できる。

👣 徒歩3分

9:10 目移りする海鮮丼

北のどんぶり屋 滝波食堂（きたのどんぶりや たきなみしょくどう）

三角市場内にある海鮮丼の店。自分で好きな具材を選べる元祖わがまま丼など、種類豊富な海鮮丼があり選ぶのに悩んでしまう。夏は小樽のウニが旬。

▶P.115

👣 徒歩5分

北のウォール街と呼ばれたこのあたりにはおもに大正時代に建てられた立派な銀行や商業ビルが残る。旧北海道拓殖銀行小樽支店は今は似鳥美術館に。

▶P.103

👣 徒歩2分

94

ⓘ 街歩きナビ

札幌から小樽へ電車で向かうと、銭函駅を過ぎたあたりから車窓に海が広がる。小樽が港町だと実感する瞬間だ。

小樽散策は小樽駅から南小樽駅へ（またはその逆）、ひと駅分歩く。その間に主な見どころやショップ、カフェなどが集中しているので、観光や買い物がいっぺんに楽しめる。

小樽駅スタートの場合、小樽駅前の三角市場で名物の海鮮丼を食べ、北のウォール街を歩き、小樽運河へ。運河クルーズで運河を一周したら、堺町通りへと向かう。小樽の目抜き通りの堺町通り沿いには、ガラスの店、スイーツの店が並んでいる。夜は運河がライトアップされる。

12:00 倉庫を利用したビアパブ
小樽倉庫No.1
（おたるそうこナンバーワン）

運河沿いの石造りの倉庫を利用。ビールの仕込み釜を眺めながらできたてビールと、ビールに合う料理を楽しめる。醸造所見学（所要20分）もできる。 ▶P.116

👣 徒歩1分

浅草橋から国道を渡ると、櫓のある小樽出抜小路がある。小樽名物グルメやスイーツの店など20店舗が集まっている。

👣 徒歩3分

13:00 カラフルで幻想的な光
ステンドグラス美術館
（びじゅつかん） 〔絶景ナビ〕

▶P.105

ステンドグラス美術館、似鳥美術館、旧三井銀行小樽支店などの見どころがある小樽芸術村。

👣 徒歩3分

10:45 小樽のシンボル運河に到着
小樽運河
（おたるうんが） 〔絶景ナビ〕

▶P.98

小樽運河に架かる浅草橋からは運河と倉庫群が眺められる。散策路を歩いて中央橋へ向かおう。

👣 徒歩3分

11:00 古い倉庫を眺めてクルーズ
小樽運河クルーズ
（おたるうんが）

運河クルーズは中央橋のたもとから出発。小樽港に出てから北運河に行き、浅草橋まで来てUターン。ガイドによる運河や建物の歴史も勉強になる。 ▶P.101

---

option ひと足のばして北運河へ

建設当時の運河の面影を残す北運河。運河公園に面した重要文化財の旧日本郵船（株）小樽支店は2023年6月（予定）まで修復のため見学不可。

👣 徒歩3分

小樽【エリアコース】

95

前ページより

14:40 小樽名物パンロール
かま栄 工場直売店

堺町通りにある大きな建物。かま栄のショップと工場からなり、ガラス越しに工場見学と、名物のパンロールや工場限定品が購入できる。

▶P.121

👣 徒歩2分

13:45 小樽の観光の拠点
小樽運河ターミナル

歴史的建造物を利用したバスターミナルに、小樽名物のぱんじゅうの桑田屋（→P.120）などが入っている。

▶P.107

👣 徒歩すぐ

15:00 レトロカフェでひと息
大正硝子 くぼ家

明治期に建てられた商店を利用した、大正硝子館のカフェ。レトロな雰囲気の中、大正硝子館手作りの器でコーヒーや和風のスイーツを楽しめる。

▶P.118

👣 徒歩3分

14:00 レトロな建物も見どころ
大正硝子館 本店

運河ターミナルから堺町通りへと向かう角にある、明治期の商店を利用した店。木造の建物と和風のオリジナルガラスがいい雰囲気。

▶P.119

👣 徒歩すぐ

さらに堺町通りを行くと、北一ヴェネツィア美術館の宮殿のような建物がある。1階は無料で見学できる。

▶P.107

👣 徒歩1分

14:20 お菓子のようなキャンドル
小樽キャンドル工房

大正硝子館と川を挟んである、同じく明治期の倉庫を利用したキャンドルの専門店。店内はカラフルでかわいいキャンドルがいっぱい！

▶P.107

👣 徒歩すぐ

小樽スイーツを代表する「ルタオ」。堺町通りには本店のほか、コンセプトの違う5店舗のルタオがある。写真のルタオ パトスはルタオ最大の店舗。

▶P.120

👣 徒歩1分

堺町通りには小樽市の歴史的建造物に指定されている建物が点在。屋根に特徴のあるこの建物は旧第百十三銀行小樽支店。

👣 徒歩3分

16:35 塔がシンボルのルタオ本店

小樽洋菓子舗 ルタオ本店

堺町通りの終点、五叉路のメルヘン交差点に面したカリヨン時計と塔のある建物がルタオの本店。1階がショップ、2階がカフェ。塔の上は展望台。

絶景ナビ

塔はエレベーターで上る。小樽市街を眺められる。

▶P.121

徒歩すぐ

ルタオ本店の前には明治期の灯台を復元した常夜灯、小樽オルゴール堂の前には蒸気時計がある。蒸気時計は15分ごとに蒸気が吹き出す。

徒歩すぐ

17:25 国内最大級のオルゴール店

小樽オルゴール堂 本館

メルヘン交差点に面した石造りの大きな建物。明治期の建物を利用した館内はノスタルジックな空間。

▶P.107

徒歩7分

JR南小樽駅

🚃 JR快速エアポート 29分　GOAL

札幌駅

15:45 ガラスの殿堂でショッピング

北一硝子三号館

堺町通りに何店舗もある北一硝子の中心的なショップ。館内は和・洋のフロア、カントリーフロアがある。北一ホールはランプがロマンチックなカフェ。

絶景ナビ

▶P.104,119

徒歩すぐ

北一硝子三号館の隣には北海道銘菓で有名な六花亭の小樽運河店がある。重厚な石造りの外観だ。

▶P.121

徒歩すぐ

16:15 イートインと買い物

北菓楼 小樽本館

六花亭と並ぶのが、札幌の人気スイーツ北菓楼 小樽本館。都市景観賞を受賞した石造りの蔵で店内は広々。シュークリームやバウムクーヘンが人気。

▶P.121

徒歩1分

16:25 ルタオの人気ブランド店へ

フロマージュデニッシュ デニルタオ

フロマージュデニッシュの専門店。カフェスタイルで、焼きたてのフロマージュデニッシュやクレームグラッセも食べられる。

▶P.121

徒歩1分

小樽名所ナビ

絶景

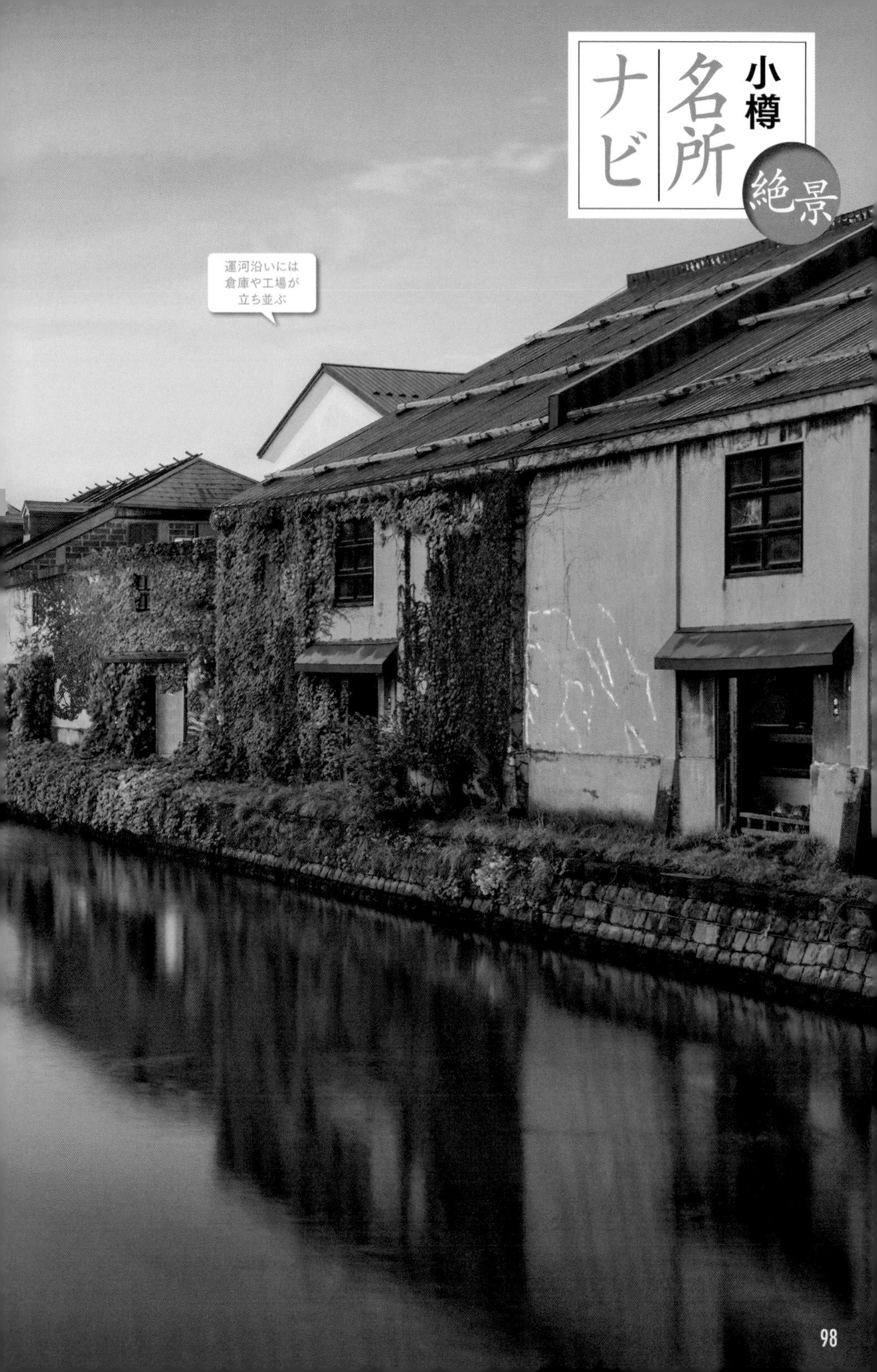

運河沿いには倉庫や工場が立ち並ぶ

小樽
[絶景名所ナビ]

浅草橋から眺める
運河と倉庫とガス灯

1 絶景
ナビ

小樽運河

小樽運河

MAP P.92B-2 ☎0134-32-4111
（小樽市観光振興室）

小樽の象徴でもある全長約1.1kmの
運河。北海道の商業の中心として栄
えた小樽で、海から物資を運び入れ
るため1923（大正12）年に造られた。
南側は半分が埋め立てられ幅20mほ
どだが、北運河は当時のまま。

所小樽市港町 時見学自由 交JR小樽駅
から徒歩15分 Pなし

Bestシーズン　　　10月

浮き玉キャンドルと
ライトアップで
運河を照らす

info 2月上旬〜中旬
厳冬期のイベント
小樽雪あかりの路
市内各所にろうそくの明かりが
揺らめき、冬の運河や街を照ら
す。小樽運河には約200個の浮
き玉キャンドルが浮かび幻想的。

1 1986年に運河の一部が埋め立てられ、散策路に整備された。散策
路沿いには63基のガス灯が並ぶ 2 北運河に唯一残っているかつての
艀(はしけ) 3 運河沿いにはレンガや石積み、コンクリート造りの営業
用倉庫が並ぶ。レストランなどに再利用されている倉庫もある

全長1140mの小樽運河を船に揺られて

歴史に思いを馳せる小樽運河クルーズ

ガイドによる運河の歴史や解説も楽しい小樽運河クルーズ。便数も多く気軽に利用できる。

小樽運河クルーズ

（おたるうんが）

MAP P.92B-2
☎0134-31-1733（中央橋チケット券売所）
所小樽市港町5-4 圏1日16〜24便運航（日により変動）。当日でも空いていれば乗船できるが、公式サイトからの予約がベター 休メンテナンス運休あり 料デイクルーズ1500円、ナイトクルーズ1800円 交JR小樽駅から徒歩15分 Pなし

橋の上や散策路、船から運河を見る

小樽運河のベストビュースポットは南にある浅草橋から。右手に倉庫群、左手にガス灯の並ぶ、小樽の象徴的な眺めが楽しめる。運河沿いの散策路は北運河まで続いているので、のんびり歴史散歩もおすすめだ。

運河クルーズでは、水面からの目線で運河や建物を眺められるのが新鮮。大きな船が停泊する小樽港もぐるりと巡る。

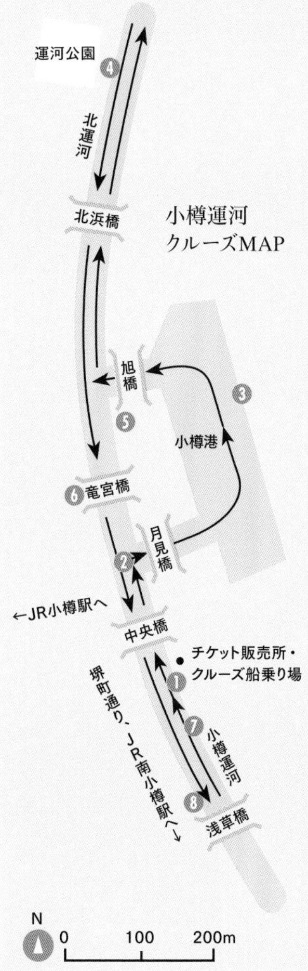

所要 約40分

GOAL	START

❽浅草橋でUターン
観光客でにぎわう浅草橋の下まで行って折り返す

❼倉庫群を眺めて
倉庫群の説明を聞きながら中央橋をくぐって先へ

❻すれすれの竜宮橋
竜宮橋の下を通過するときは頭を低く

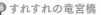
❺ 運搬用シューター

旧北海製罐小樽工場第3倉庫の、かつて荷物運搬に使われた螺旋状の滑り台

❶ 中央橋から乗船
チケット券売所の下から出航。購入は15分前まで

❷月見橋から外へ
月見橋から小樽港に出ると風景は開けて広々

❸ 小樽港をクルーズ
旭橋まで大型船が停泊する小樽港をクルーズ

❹北運河の艀（はしけ）
北運河には小型船に交ざって艀が浮かぶ

小樽運河クルーズMAP

運河公園 ④
北運河
北浜橋
旭橋 ③
⑤
小樽港
竜宮橋 ⑥
月見橋
②
←JR小樽駅へ
中央橋
● チケット販売所・クルーズ船乗り場 ①
堺町通り、JR南小樽駅へ
⑦ 小樽運河
⑧
浅草橋

N 0 100 200m

小樽 ［絶景名所ナビ］

石造り風の外壁に
5つのドームがある
ルネサンス様式

日本銀行旧小樽支店
金融資料館

MAP P.92B-2 ☎0134-21-1111

1912(明治45)年建築。辰野金吾らによって設計された。現在は日本銀行の歴史や業務などを紹介する施設になっている。

所小樽市色内1-11-16 時9:30～17:00
(12～3月は10:00～。最終入館16:30)
休水曜(祝日の場合は開館) 料入館無料 交JR小樽駅から徒歩10分 Pなし

絶景ナビ
2 北のウォール街

小樽駅周辺

MAP P.92B-2 ☎0134-32-4111
(小樽市観光振興課)

浅草橋から色内通りにかけてのかつての金融地区には、明治から大正にかけて名だたる25もの銀行が集中し活気にあふれていた。現在も残る多くの建物が歴史的建造物に指定されている。

技術の粋を集めた
銀行建築を代表する建物

info 柱の上の像は
シマフクロウ

ホールの柱の上にある彫り物は、アイヌの村の守り神シマフクロウの象徴。職員のいない夜、銀行内を見張ってきた。建物内に12個、外壁に18個ある。

102

和食の店
花ごころ小樽店
として営業中

MAP P.92B-2

旧安田銀行小樽支店

1930（昭和5）年に建てられた2階建て鉄筋コンクリート造り。銀行の後に新聞社となり、現在は食事処が入る。
所小樽市色内2-11-1

ギリシャ建築を思わせる4本の円柱が特徴

旧北海道拓殖銀行小樽支店
（小樽芸術村／似鳥美術館）

MAP P.92B-2 ☎0134-31-1033

小樽の近代建築の先駆けで、地上4階、地下1階建て。1923（大正12）年に完成。現在は似鳥美術館として活用されている。

横山大観やルノワールなど国内外の名画がずらり

info 小樽市の歴史的建造物を探そう

小樽には銀行のほかにも歴史ある建物が多く残り、約79もの建物が歴史的建造物に登録されている。

日本画や洋画ガラスなど多彩な美術品を展示

小樽 [絶景名所ナビ]

旧三井銀行小樽支店
（小樽芸術村）

MAP P.92B-2 ☎0134-31-1033

1927（昭和2）年に完成。石積の重厚な外観で、繊細な意匠が随所に見られる。石膏造りの天井と吹き抜けの回廊が美しい。

贅を尽くした完成当時の内装を可能な限り復元

天井に映し出すプロジェクションマッピングも必見！

石造りの倉庫を照らす
優しいランプの明かり

3 ^{絶景ナビ}
北一ホール
きた いち

MAP P.92C-3 ☎0134-33-1993

堺町通り

北一硝子三号館の一角にあるカフェ。店内には167個もの石油ランプがともされ幻想的な雰囲気。カフェや食事をしながらゆっくり過ごせる。

所小樽市境町7-26 時8:45〜17:00LO 休無休 交JR南小樽駅から徒歩10分 P契約利用（有料、2000円以上の利用で2時間無料）

info 店内のランプは
手作業で点灯

毎日8時45分、すべてのランプにスタッフが手作業で明かりをともす。11月中旬〜2月下旬はイルミネーションも点灯。

漁業用の倉庫として
1891(明治24)年
に建てられた

紅茶シフォン
ケーキセット
780円

MAP **P.92B-2** ☎**0134-31-1033**

小樽芸術村のひとつ。旧倉庫の壁面には約100年前のステンドグラスが展示され幻想的。これらはイギリスの教会を飾っていたもの。

所 小樽市色内1-2-17（似鳥美術館）
時 9:30〜17:00（11〜4月は10:00〜16:00。最終入館30分前まで）休 第4水曜（11〜4月は水曜、祝日の場合は翌日休。臨時休館あり）料 ステンドグラス美術館1000円（4館共通券2900円）交 JR小樽駅から徒歩10分 P 契約利用

小樽［絶景名所ナビ］

ステンドグラスに囲まれる神秘的な美術館

同時代のステンドグラス
ルイス・C・ティファニー ステンドグラスギャラリー
（小樽芸術村／似鳥美術館）

同じく小樽芸術村の似鳥美術館1階ホールにある。アメリカン・アール・ヌーヴォーの旗手、ルイス・C・ティファニーの教会ステンドグラスを展示。

ガラスそのものの質感や光の演出にこだわった作品はイギリスステンドグラスとは違った美しさ

5 絶景ナビ

カトリック小樽教会 富岡聖堂
（お たる きょうかい とみ おか せい どう）

MAP P.92A-2 ☎0134-22-2587

1929（昭和4）年に建設された3階建てで、2階に礼拝堂がある。尖頭アーチなどゴシック様式を取り入れた造りは小樽市の歴史的建造物に指定。色ガラスを通して優しい光が差し込む。

所 小樽市富岡1-21-25 時 見学自由 交 JR小樽駅から徒歩15分 P 4台

小高い場所から小樽を見守る赤い塔の教会

立ち寄りガイド

小樽

北一ヴェネツィア美術館 (きたいち)

MAP P.92C-2 ☎0134-33-1717

かつてのヴェネツィア貴族の暮らしを再現した美術館。3000点を超えるガラス工芸品とアンティーク家具を展示している。

所小樽市堺町5-27 時9:00〜17:30(最終入館17:00) 休無休 料入館500円 交JR南小樽駅から徒歩10分 P契約利用(2000円以上利用で2時間無料)

手宮線跡地 (てみやせんあとち)

MAP P.92B-2 ☎0134-33-1661

1880(明治13)年の道内初の鉄道。中央通りから寿司屋通りまでの約510mが旧手宮線跡地として保存されている。

(運河プラザ観光案内所) 所小樽市手宮〜色内 時見学自由(冬季は積雪状況による) 交JR小樽駅から徒歩5分 Pなし

祝津パノラマ展望台 (しゅくつてんぼうだい)

MAP P.5B-2 ☎0134-32-4111

(小樽市産業港湾部観光振興室)

日本海を一望する標高70.9mにある展望台。高島岬の日和山灯台や、かつてニシン漁で栄えた小樽を物語る小樽市鰊御殿を見渡せる。

所小樽市祝津 時見学自由 交JR小樽駅から車で30分 P10台

おたる水族館 (すいぞくかん)

MAP P.5B-2 ☎0134-33-1400

本館水族館と、イルカショーが見られるイルカスタジアム、アザラシやトドのいる海獣公園などがある。

所小樽市祝津3-303 時3月中旬〜11月下旬(冬期12月中旬〜2月下旬)9:00〜17:00(季節により変動) 休期間中無休 料入館1500円 交JR小樽駅から車で30分 P有料1000台(冬季無料)

小樽市観光物産プラザ (おたるしかんこうぶっさん)

MAP P.92B-2 ☎0134-33-1661

歴史的建造物の旧小樽倉庫を利用した、通称運河プラザ。観光案内所と喫茶コーナー、特産品を販売するコーナーなどがある。

所小樽市色内2-1-20 時9:00〜18:00(季節・イベントにより変動あり) 休無休 交JR小樽駅から徒歩10分 Pなし

小樽運河ターミナル (おたるうんが)

MAP P.92B-2 ☎0134-22-7774

1922年に建てられた、旧三菱銀行小樽支店のビルを利用したバスターミナル。スイーツ店やショップが入る。

(北海道中央バス色内営業所) 所小樽市色内1-1-12 時9:00〜18:30(冬季は〜18:00) 休無休 交JR小樽駅から徒歩10分 Pなし

小樽オルゴール堂 本館 (おたる ほんかん)

MAP P.92C-3 ☎0134-22-1108

メルヘン交差点に面した、1915(大正4)年に建てられた赤レンガ造りの建物。広い店内で3万8000点以上のオルゴールを販売している。

所小樽市住吉町4-1 時9:00〜18:00(夏季の金・土曜、祝前日は〜19:00) 休無休 交JR南小樽駅から徒歩7分 Pなし

小樽キャンドル工房 (おたる こうぼう)

MAP P.92B-2 ☎0134-24-5880

オリジナルキャンドルの専門店。店内には約1000点ものキャンドルが並ぶ。手作り体験も開催している。

所小樽市堺町1-27 時10:00〜18:30(カフェは〜16:30LO、季節により変動あり) 休無休 交JR南小樽駅から徒歩13分 Pなし

あまとう本店 (ほんてん)

MAP P.92B-2 ☎0134-22-3942

1929年創業の老舗菓子店。おみやげの人気はオリジナルチョコレートをコーティングした3枚重ねのサブレ「マロンコロン」1個220円〜。

所小樽市稲穂2-16-18 時10:00〜19:00(喫茶室は10:30〜18:30LO) 休木曜 交JR小樽駅から徒歩5分 P8台

アイスクリームパーラー美園 (みその)

MAP P.92B-2 ☎0134-22-9043

1919年創業、道内で初めてアイスクリームの製造・販売を始めた店。アイスクリーム500円、プリンパフェ780円。

所小樽市稲穂2-12-15 時11:00〜18:00 休火・水曜 交JR小樽駅から徒歩4分 P2台(夏季のみ)

小樽[絶景名所ナビ]

海と山の絶景スポット

小樽からひと足

積丹半島
しゃこたんはんとう

**小樽から
車で1時間30分**

MAP P.5A-2 ☎0135-44-3715
（積丹観光協会）

小樽の西、日本海に突き出した全長
約30kmの半島。積丹ブルーと呼ば
れる美しい色の海を望める絶景ス
ポットで人気が高い。6～8月に味
わえる積丹産のウニが名物。

**所要往復
約40分**

女人禁制の門をくぐって
神威岬絶景ハイキング

女人禁制の門から岬の先端までは遊歩道
「チャレンカの道」を歩いて約770m。

先端の沖合約40mの場所
に立つ高さ41mの神威岩

半島の先端付近にある無人
の神威岬灯台

断崖には水無しの立岩や念
仏トンネルの奇岩が

駐車場から遊歩道に向かう
途中のモニュメント

6 絶景ナビ 神威岬
かむいみさき

MAP P.5A-2 ☎積丹観光協会

積丹半島の先端にある岬。遊歩道からは起伏に富んだ地形や斜面を彩る花々、突端からは積丹ブルーの海と沖にそびえる神威岩が望める。

所積丹町大字神岬町 時通行8:00〜19:00（季節・天候により変動あり）休無休（冬季閉鎖あり）料見学無料 交JR余市駅から車で1時間 P300台

Bestシーズン	7〜8月

透明度の高い積丹ブルーの海。右はしゃこたんブルーソフト380円

【名物】🍴

生ウニ丼（赤・白二色井）5850円

積丹のお食事処 鱗晃
しゃこたん しょくじどころ りんこう

MAP P.5A-2
☎0135-45-6651

島武意海岸の入口にある。6〜8月は積丹のバフンウニとムラサキウニ、春と秋は蒸しウニ丼やウニラーメンなど。

所積丹町入舸町209-9 時4月下旬〜11月中旬の8:00〜17:00（6〜8月以外は9:00〜16:00）休期間中火曜 交JR余市駅から車で50分 P8台

生うに丼
4600円（時価）

田村 岩太郎商店
たむら がんたろうしょうてん

MAP P.5A-2
☎0135-48-6300

マスに入ったウニ丼が名物。市場から直接入札して仕入れる新鮮な積丹産ウニのみを使用。ウニ以外の丼も。

所積丹町美国町船澗132-1 時6〜8月の10:00〜15:00（なくなり次第閉店）休期間中不定休 交JR余市駅から車で30分 P20台

【見どころ】🔭

水中展望船 ニューしゃこたん号
すいちゅうてんぼうせん ごう

MAP P.5A-2
☎0135-44-2455

水中を観察できる窓が船底にある観光船。美国港から出航し、展望を楽しめる。

所積丹町美国町美国漁港内 時4月中旬〜10月下旬の8:30〜16:30（季節により変動）休期間中無休（荒天時運休）料乗船1600円 交JR余市駅から車で30分 P50台

島武意海岸
しまむいかいがん

MAP P.5A-2
☎積丹観光協会

積丹岬の東側に位置する日本渚百選のひとつ。入口のトンネルを抜けると美しい海岸が目の前に広がる。斜面に設けられた階段で海岸まで下りられる。

所積丹町入舸町 時見学自由（冬季閉鎖あり）交JR余市駅から車で50分 P100台

7 絶景ナビ
三島さんの芝ざくら庭園
MAP P.5A-2
☎0136-22-3344　（倶知安観光案内所）

農家だった三島さんが育てた芝桜を一般公開している。広大な敷地に白とピンクの花が咲き誇り、天気が良ければ羊蹄山も一望できる。

所倶知安町字旭　時見学自由　交JR倶知安駅から徒歩15分　Pなし

| Bestシーズン | 5月下旬〜6月上旬 |

小樽から車で
1時間25分

ニセコ
MAP P.5B-2

ニセコ町、倶知安町、蘭越町などの総称で、日本百名山にも数えられる羊蹄山がシンボル。夏は川や森でアクティビティ、冬はウィンタースポーツが楽しめる人気のエリアだ。

【名物】

ニセコ高橋牧場
ミルク工房
MAP P.5A-3
☎0136-44-3734

こだわりシュークリーム
1個210円

高橋牧場の搾りたてミルクを使ったスイーツが人気。ショップやレストラン、チーズ工場などがある。

所ニセコ町曽我888-1 時9:30〜18:00（冬季は10:00〜17:30、施設により異なる）休無休 交JRニセコ駅から車で12分 P230台

レストラン
マッカリーナ
MAP P.5B-3
☎0136-48-2100

コースメニューの一皿
季節の（旬）野菜

自家農園や真狩産の野菜と、選りすぐりの肉や魚を使ったフレンチが楽しめる。ランチコースは4200円〜。

所真狩村緑岡172-3 時11:30〜13:30LO、17:30〜19:30LO 休水曜（11・4月は不定休）交JRニセコ駅から車で20分 P4台

【見どころ】

道の駅ニセコ
ビュープラザ
MAP P.5A-3
☎0136-43-2051

情報プラザ棟にインフォメーションとショップがある。ニセコの農産物直売店やテイクアウトフードの店なども。

所ニセコ町元町77-10 時9:00〜18:00（農産物直売所は8:30〜18:00、冬季は9:00〜17:00）休無休 交JRニセコ駅から車で5分 P101台

ニセコ グラン・ヒラフ
サマーゴンドラ
MAP P.5A-2
☎0136-22-0109

標高320mの山麓駅からニセコアンヌプリの中腹、標高820mの山頂駅までを結ぶゴンドラ。

所倶知安町山田204 時7月中旬〜9月下旬の9:00〜16:00（季節により変動あり）休期間中無休（季節により変動あり）料往復1200円 交JR倶知安駅から車で15分 P100台

ニッカウヰスキー

余市で生まれた本格ウイスキー

シングルモルト余市
札幌にあるTHE NIKKA BARではニッカの名酒飲み比べができる。販売終了になっている貴重なウイスキーもある

札幌
THE NIKKA BAR

MAP P.34E-2 ☎011-518-3344

所札幌市中央区南4西3 第3グリーンビル2F 時18:00〜翌1:00 休不定休（基本無休）料チャージ1000円、サービス料10% 交地下鉄すすきの駅から徒歩3分 Pなし

正門を入ると蒸溜所のシンボル、乾燥塔のパゴダ屋根が迎えてくれる

竹鶴と妻のジェシー・ロベルタ・カウン、愛称リタ

余市
ニッカウヰスキー
余市蒸溜所

MAP P.5B-2
☎0135-23-3131

所余市町黒川町7-6 時9:00〜16:30（ガイドツアー所要1時間。HPからの完全予約制）休12月25日〜1月7日 料入館無料 交JR余市駅から徒歩3分 P90台

1940年10月発売した第1号ウイスキー

「日本のウイスキーの父」と呼ばれる竹鶴政孝は、広島県で酒造業を営む家に生まれた。高等工業学校卒業後、大阪の摂津酒精醸造所に勤務。本格ウイスキー製造の必要性から1918年にスコットランドに留学する。滞在中リタと知りあい、1920年に結婚、一緒に帰国する。試行錯誤の末、192

9年に後のサントリーとなる寿屋から、国産第一号ウイスキーを製造。その後、自身の蒸溜所を造るために余市に大日本果汁株式会社を設立する。リンゴジュースを製造しながらウイスキー原酒を造り続け、1940年にニッカウヰスキーを生み出した。ニッカは社名の日本果汁から付けられた名前だ。

余市蒸溜所では第一号ウイスキーや蒸溜棟でのポットスチルなど、製造工程が見学できる。

【ニッカ工場見学】

ニッカミュージアムでは映像や展示、限定商品の有料試飲コーナーなどでニッカウヰスキーの魅力に触れられる

1号貯蔵庫
創立時に建てられた1号貯蔵庫。見学開放のため空樽が展示されている

醗酵棟
糖化液に酵母を加え発酵槽で醗酵。液体（もろみ）になったら蒸溜棟の蒸溜器（ポットスチル）へ

蒸溜棟
ポットスチル（単式蒸溜器）が並ぶ。石炭による石炭直火蒸溜を行う

乾燥塔
キルン塔と呼ばれる乾燥塔はピートで発芽大麦をいぶしながら乾燥させる

歴史
× ニシン御殿

history & story

北海道経済を支えたニシン

ニシン漁の繁栄を伝える
贅を尽くした鰊御殿

景気に沸いた小樽のニシン漁がもたらした、豪華な鰊(にしん)御殿。
小樽興隆のストーリー。

海を埋め尽くした
ニシンの群れ

　江戸時代末期の1857(安政4)年、小樽の沿岸には270カ所ものニシン漁の漁場があり、漁とそれに伴う加工業で活気にあふれていた。ニシンは1～3月にかけて沿岸に集まり、メスが産卵しオスが放精することで海が白く濁る群来(くき)が見られる。同時にニシン漁も最盛期を迎え、網元の番屋には雇われたヤン衆が集まり、漁期の2～3カ月で1年分の生活費を稼げることから「一起し千両」と言われた。

　ニシンの漁獲高は上昇を続け、1897(明治30)年には97万tもの水揚げを記録。現在の価格にして25億円以上に相当する金額で、後の北海道経済を築く基盤となる。しかし、1955(昭和30)年

以降ニシンの魚群は見られなくなり、さらに1977(昭和52)年の200海里水域の制定により、漁業は縮小を余儀なくされた。

富を投じて建てた
美術館のような豪邸

　網元の親方はニシン大尽と呼ばれ、儲けたお金で豪華な通称、鰊御殿を建てた。青山家は祝津(しゅくつ)の網元で、いくつもの漁場を営んでいた。2代目の青山政吉の時代、山形県酒田市にあった日本随一の大地主・本間家の邸宅に魅せられた娘・政恵のために、6年もの歳月をかけて建てたのが旧青山別邸だ。酒田から呼び寄せた宮大工をはじめ、建具、瓦、石工などの専門職人50数名により、現在の価格で30億円をかけて1923(大正12)年に完成した。

　約1500坪の敷地に建坪190坪の木造2階建て。瓦屋根の軒下には手彫りによる彫刻が施され、継ぎ目のない張りや、うぐいす張りの廊下、紫檀、黒檀などを使った書院造りの床の間など、随所に職人の技が光る。狩野派の流れを汲む日本画の絵師による襖絵も見事だ。2010年に国の有形登録文化財に指定されたこれら美術品の数々を見学できる。

13枚の大襖絵に囲まれる八仙人の間

洋画家・書家で知られる中村不折の間

にしん御殿 小樽貴賓館
(旧青山別邸)

MAP P.5B-2 ☎0134-24-0024

所 小樽市祝津3-63　時 9:00～17:00(11～3月は～16:00、受付は30分前まで。レストランは11:00～)　休 無休　料 旧青山別邸入館1100円　交 JR小樽駅から中央バス水族館行きで20分、祝津3丁目下車、徒歩5分　P 30台

1階ホールにある北海道の花をテーマにした見事な天井画

GOURMET & SHOPPING GUIDE

小樽で

食べる
買う

名物のワケ

港町小樽には100を超える寿司屋があり、寿司の町として知られる。沿岸で揚がる夏のウニ、春と秋のシャコ、ニシンが小樽を代表する魚介だ。

紬（つむぎ）
4900円
ボタンエビ、タラバ、トロ、ウニ、アワビ、プチいくら丼など道産ネタ10種

石蔵造りの店で味わう旬のネタ

築90年以上の石蔵を利用した、落ち着いた雰囲気の店内。握りセット8カン2200円～、サーモンいくら丼2600円、10種以上の具がのるおけちらし5000円と、手頃な値段で新鮮なネタを味わえる。

①1階はカウンターとテーブル席、2階には小上がりがある **②**小樽出身の竹山耕司氏

すし耕
小樽運河周辺

MAP P.92B-2 ☎0134-21-5678

所 小樽市色内2-2-6 時 12:00～21:00（日により中休みあり）休 水曜（祝日の場合は翌日休）交 JR小樽駅から徒歩10分 P 6台

小樽の旬を気軽に味わう

夫婦で営む店でカウンターと小上がり、2階席がある。壁には握りや一品料理のメニューがずらり。お好み握りは一カン150円～で、大トロや塩水ウニは800円。握りの盛り合わせは2200円～。

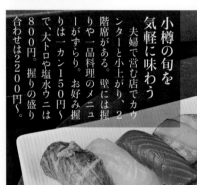

握りセット旬
3500円
小樽産のヒラメやシャコのほか、ボタンエビ、カニなど道産もの全11カン

①大将は函館出身の目崎氏。ネタケースを挟んで会話も弾む **②**カウンターは5席

寿司処 旬
小樽駅周辺

MAP P.92B-2 ☎0134-27-6766

所 小樽市稲穂1-2-11 時 11:00～15:00、17:00～21:00 休 木曜 交 JR小樽駅から徒歩5分 P なし

海鮮丼

日本海、噴火湾、札幌の中央卸売市場から魚介が集まる小樽にはいくつかの市場がある。三角市場は豪快な海鮮丼が味わえると観光客に人気。

並んでも食べたい
豪快海鮮丼

行列の途切れない魚屋直営の海鮮丼屋。ウニや自家製イクラ、季節の魚介など10種類から好きなネタを3〜4品選べる元祖わがまま丼が人気。丼は味噌汁付きで、プラス330円でカニ汁に変更できる。

小樽［寿司＆海鮮丼］

特盛カニ丼
2750円
ご飯を覆うカニのほぐし身からカニ爪が3つ！ カニは時期により種類が変わる

これもオススメ！

元祖わがまま丼、4品普通サイズ 2970円〜

小樽駅周辺
北のどんぶり屋
滝波食堂
MAP P.92A-2 ☎0134-23-1426
時8:00〜17:00 休無休

旬のおまかせ丼
5000円
シャコやタコのほか、夏はウニ、ボタンエビ、冬はタラなど旬のネタがのる

市場に2店舗ある
鮮魚店の直営食堂

市場内で本店と支店を営む武田鮮魚店の直営食堂。ネタの組み合わせが異なる三色丼1800円〜、生うに・いくら丼5000円などのほか、刺身や定食メニューもある。

小樽駅周辺
食堂 味処たけだ
MAP P.92A-2 ☎0134-22-9652
時7:00〜16:00 休無休

info 海鮮丼の店が並ぶ
三角市場
JR小樽駅と国道5号との間の、幅2ｍほどの狭い坂道にある市場。土地と屋根の形が三角なのが名前の由来。鮮魚店や食堂が並ぶ。
MAP P.92A-2
☎0134-23-2446
所小樽市稲穂3-10-16 時7:00〜17:00(店舗により異なる) 休無休 交JR小樽駅から徒歩1分 P契約利用

名物グルメ

名物のワケ

小樽で必食のソウルフードは若鶏半身揚げとあんかけ焼きそば。運河沿いで造られている地ビール、素材にこだわったラーメンも小樽に来たらぜひ。

仕込み釜のある醸造所のビアパブ

ドイツから招いた醸造責任者が造るドイツビールと料理が楽しめるビアホール。新鮮なアロマホップを使ったピルスナー、伝統的な製法で造られる褐色のドンケル、フルーティーな香りのヴァイスの3種が代表的。

左からヴァイス
ピルスナー
ドンケル
各S517円

1 ビールは SMLの3サイズがある **2** 自家製ソーセージプレート968円、奥はモッツァレラチーズとフランスパンのブリッジトースト759円

小樽ビール

小樽運河周辺

小樽倉庫No.1
おたるそうこ

MAP P.92B-2

☎ 0134-21-2323

所 小樽市港町5-4 時 11:00～22:00 休 無休 交 JR小樽駅から徒歩12分 P なし

若鶏
半身揚げ

若鶏定食
1250円
揚げたてのあつあつで大きく
てもペロリと食べられる。半
身揚げの単品は980円

インパクト大！
なるとの半身揚げ

下味を付けた鶏肉の半身を丸ごと揚げた、若鶏半身揚げ発祥の店。皮はパリッ、身はふわふわジューシー。ざんぎ5個650円も人気。握りや海鮮丼などメニューは多彩。

若鶏時代なると <small>（わかどりじだい）</small> 小樽駅周辺

MAP P.92A-2 ☎0134-32-3280

所小樽市稲穂3-16-13 時11:00～20:30LO 休無休 交JR小樽駅から徒歩5分 P13台

小樽
[名物グルメ]

具だくさんの
あんが絡む

小樽を代表するソウルフード。野菜やエビなど具だくさんのあんがかかった焼そばが評判。創業50年を超える桂苑の伝統の味が評判。ソース焼そばや揚げそば各820円も人気。

中華食堂 桂苑 <small>（ちゅうかしょくどう けいえん）</small> 小樽駅周辺

MAP P.92B-2
☎0134-23-8155

所小樽市稲穂2-16-14 時11:00～18:30 休木曜 交JR小樽駅から徒歩5分 Pなし

あんかけ
焼そば

あんかけ焼そば
870円
エビや豚肉、野菜がたっぷり入った醤油ベースのあんが焼そばによく絡む

麻ほろ1200円

これも
オススメ！

あっさり醤油
880円
スープは一晩かけてとる。羅臼昆布と椎茸のだしに、鶏ガラや削り節などを加えて作る

小樽
ラーメン

天然素材の
優しいラーメン

スープには羅臼昆布や煮干し、サバ節、アジ節などを使用。火入れしていない生醤油や自家製ラード、自家製麺など、こだわり抜いた一杯が味わえる。味は塩、醤油、味噌の3種類。

自然派ラーメン処 麻ほろ <small>（しぜんは どころ ま）</small> 小樽駅周辺

MAP P.92B-2 ☎0134-32-0140

所小樽市色内1-7-7 時11:00～15:00、17:00～19:45LO 休月曜、第1火曜 交JR小樽駅から徒歩6分 P8台

レトロカフェ

明治から大正に建てられた姿のままの歴史的建造物がカフェに。当時の様子に思いを馳せながら、ゆっくりとした時間を過ごせる。

人気のワケ

呉服商の面影残る立派な佇まい

1920（大正9）年に建てられた旧塚本呉服太物商の建物を利用。その後、後藤商店となり、今も看板が掛かっている。カフェのある2階は着物などをしまっていた場所で、壁には棚の跡が残る。

cafe色内食堂
（カフェ いろ ないしょくどう）
色内

MAP P.92B-2 ☎0134-55-2999

所 小樽市色内1-6-27 時 9:00～20:00 休 不定休 交 JR小樽駅から徒歩10分 P なし

5色団子
429円
みたらし、小豆、ごま、きなこ、のりの5種類の団子のセット。お茶付き

レトロな空間と大正硝子館の器

1907（明治40）年に建てられた、小間物雑貨卸だった久保商店の建物を利用した。温もりあふれる和カフェ。小樽硝子館のガラスの器で提供される飲み物や和スイーツが、レトロな店内とぴったり。

大正硝子 くぼ家
（たいしょうがらす くぼや）
堺町通り

MAP P.92C-2 ☎0134-31-1132

所 小樽市堺町4-4 時 10:00～16:30 休 不定休 交 JR南小樽駅から徒歩13分 P なし

これも
オススメ！

季節の生菓子を抹茶と。お抹茶和菓子付き1100円

ぜんざい
700円
あんこの上に濃厚なバニラソフトクリーム、求肥を添えて。ほうじ茶付き

身につけて
飾って
楽しい
ガラスの輝き

小樽ガラス

小樽運河から堺町通りにかけて
ガラス雑貨や器を扱うショップが並ぶ。
お気に入りを探して歩こう！

思い出に持ち帰りたい
歴史ある小樽のガラス

**ゆきだるま
タンブラー 4400円
ぐい飲み3850円**
ぐい飲みやグラス、小は
ミルクピッチャーにも **B**

**バブルロックグラス
2530円**
小樽の作家による手作
りの一点物。紅のような
優しい色合い **B**

**月光うさぎの大杯
瑠璃燈ススキ
5800円**
月をのぞくとウ
サギが見える切
子のグラス **A**

**小樽切子
万華鏡杯
4500円**
のぞくと万華鏡
のような模様が
見える切子の小
杯 **A**

**おとぼけふくろう
グラス3740円**
フォルムがかわい
いおとぼけふくろう
シリーズの器 **B**

**おとぼけふくろう
ペーパースタンド
3080円〜**
プレゼントにもオススメ。お気
に入りのポーズを探して **B**

**風なびく
5775円**
やわらかな春の
風をイメージし
た模様とフォル
ムのグラス **B**

**フィロソフィー
チョーカー
各1870円**
3色のガラスが層に。ネッ
クレスやストラップも **C**

**泡球ヘアゴム
2860円**
ガラスの中に海
の色合いを表現
したトンボ玉 **C**

**冬のおくりもの
ストラップ
各1320円**
板ガラスに銀箔
を敷き詰めて切
り出したもの **C**

**プチガラスの
イヤリング
1650円**
ステンドグラスの素
材で作ったガラス玉
のイヤリング **C**

**ガラスのペンダント
2900円**
種類豊富なペンダント
は微妙に色合いの違う
一点もの **A**

小樽
[レトロカフェ＆小樽ガラス]

C 硝屋 堺町通り
MAP P.92C-3 ☎0134-33-7707
所小樽市堺町6-12
時9:30〜18:30
（季節により変動あ
り）休無休 交JR南
小樽駅から徒歩7分
Pなし

B 大正硝子館 本店 小樽運河周辺
MAP P.92B-2 ☎0134-32-5101
所小樽市色内1-1-8
時9:00〜19:00 休無
休 交JR小樽駅から
徒歩15分 P3台

A 北一硝子三号館 堺町通り
MAP P.92C-3 ☎0134-33-1993
所小樽市堺町7-26
時8:45〜18:00 休
無休 交JR南小樽
駅から徒歩10分
P契約利用（2000
円以上利用で2時
間無料）

ルタオと小樽名物スイーツ食べ歩き

堺町通り
スイーツハント

小樽のメインストリート
堺町通りを散歩しながら
人気スイーツを食べ歩き!

ルタオ

出来立てヴェネチア
ランデヴー　　　1個350円
注文後にキャラメリゼする
チーズブリュレ

3 ルタオ パトス

MAP P.92C-2 ☎0134-31-4500
所小樽市堺町5-22 時
10:00〜18:00(季節
により変動あり、カフェ
コーナーは10:30〜)
休無休 交JR南小樽駅
から徒歩10分 P契約
利用

ルタオ

パルフェフロマージュ
フランボワーズ　　680円
ソフトクリームにドゥーブル
フロマージュをオン!

2 ルタオ プラス

MAP P.92C-2 ☎0134-31-6800
所小樽市堺町5-22 時
9:00〜18:00(季節に
より変動あり)休無休
交JR南小樽駅から徒
歩10分 P契約利用

名物

ぱんじゅう
　　1個108〜116円
型で焼くひと口サイズの
和風スイーツ。8種類ある

1 桑田屋本店

MAP P.92B-2 ☎0134-34-3840
所小樽市色内1-1-12
小樽運河ターミナル内
時10:00〜18:00
(冬季は〜17:00)休
火曜(祝日の場合は翌
日休)交JR小樽駅か
ら徒歩10分 Pなし

120

北の夢ドーム　270円
カスタードと生クリームの
ジャンボシュークリーム

7 北菓楼 小樽本館
きたかろう おたるほんかん

MAP P.92C-3 ☎0134-31-3464

所小樽市堺町7-22
時10:00～17:00（冬
季は～18:00）休無
休 交JR南小樽駅か
ら徒歩8分 Pなし

雪こんチーズ　250円
ココアとビスケットでベイ
クドチーズケーキをサンド

6 六花亭 小樽運河店
ろっかてい おたるうんがてん

MAP P.92C-3 ☎0120-12-6666

所小樽市堺町7-22
時10:00～17:00 休
無休 交JR南小樽駅
から徒歩8分 Pなし

サンテリアン
1本594円～
カマンベールなど
全6種類のバータ
イプのチョコ

**4 ヌーベルバーグ
ルタオ ショコラティエ 小樽本店**
おたるほんてん

MAP P.92C-2 ☎0134-31-4511

所小樽市堺町4-19
時9:00～18:00（季節
により変動あり）休無休
交JR南小樽駅から徒歩
10分 P契約利用

小樽
[スイーツ]

フロマージュ
デニッシュ 1個297円
ルタオでも特に人気の
チーズデニッシュ

8 フロマージュデニッシュ デニルタオ

MAP P.92C-3 ☎0134-31-5580

所小樽市堺町6-13
時10:00～18:00
（季節により変更あり）
休無休 交JR南小樽
駅から徒歩7分 P契
約利用

← JR小樽駅へ
小樽運河
堺町通り
JR南小樽駅へ →

名物かまぼこ パンロール

魚のすり身をパンで巻いて揚げた、オ
リジナルのパンロールは1本 237円。
スナック感覚で食べられる。

A かま栄 工場直売店
えい こうじょうちょくばいてん

MAP P.92C-2 ☎0134-25-5802

所小樽市堺町3-7 時
9:00～18:00（変動あ
り）休無休 交JR小樽
駅から徒歩15分 P
90台

ショコラの
誘惑セット　1430円
本店限定のショコラドゥ
ーブルのプレート

9 小樽洋菓子舗 ルタオ本店
おたるようがしほ ほんてん

MAP P.92C-3 ☎0134-40-5480

所小樽市堺町7-16 時
9:00～18:00（季節
により変動あり）休無
休 交JR南小樽駅から
徒歩7分 P契約利用

8段ソフト
780円
ラベンダーやメ
ロンなど6種類
の味が8段に

5 北一硝子三号館 テラス
きたいちがらす さんごうかん

MAP P.92C-3 ☎0134-33-1993

所小樽市堺町7-26 時10:00～18:00 休無
休 交JR南小樽駅から徒歩10分 P契約利用
（2000円以上利用で2時間無料）

名物
名品

小樽硝子

ガラスうき玉寿玉（12号）
2万1450円
12号は直径36.4㎝。花瓶やライトになる穴あきタイプもある

宙吹き技法でガラスを膨らませる。1945年代

ひび模様が入った直径8㎝のうき玉ひび一輪1980円は全6色

ランプや浮き玉から始まった硝子の歴史

小樽みやげといえばガラス、というイメージが定着しているのは、小樽ガラスの歴史が古いため。小樽に最初のガラス工場ができたのは1891（明治24）年。1900（明治33）年に石油ランプや瓶などを製造する浅原硝子製造所が創業。1910（明治43）年にニシン漁や北洋漁業で用いる浮き玉を考案する。この浮き玉のヒットが後の小樽硝子の礎を築くことになる。

1967年に浅原陽治氏が3代目社長に就任。氏が3代目社長に就任。当時、販売部門を担って

いた親戚の建蔵氏が、堺町通りにあった木村倉庫を譲り受け1983年にガラスの歴史が古いため。開店したのが北一硝子三号館だ。

浅原硝子製造所は現在、4代目社長の宰一郎氏のもと伝統の浮き玉製造の技法を生かし、インテリアとしての浮き玉、浮き玉ライトやキャンドルなどを販売。浮き玉作りの体験もできる。

一方で北一硝子三号館は、かつての主力商品だったランプが旅行者に人気となり、さまざまな商品を展開。現在のガラスの町・小樽を牽引している。

小樽
浅原硝子製造所
MAP P.5B-2
☎0134-25-1415
所小樽市天神1-13-20 時10:00～19:00 休水曜 交JR小樽駅から車で10分 P5台

堺町通り
北一硝子三号館
▶P.119

【浮き玉の制作工程】

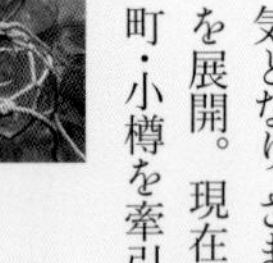

4 成型する
型の中で回しながら息を吹き込み丸く成型していく

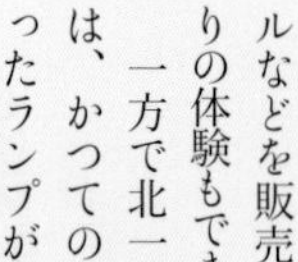

3 ブローを入れる
回しながら徐々に息を吹き込み厚みを均一にする

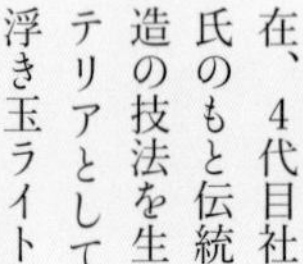

2 形を整える
斜めになったお椀のような型の中で形を整える

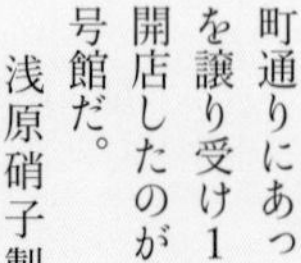

1 タネを巻く
吹き竿の先に高温で溶かしたガラスを巻き取る

富良野

美瑛 旭山動物園

**周辺スポットからの
アクセス**

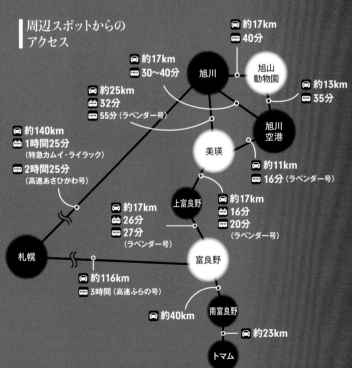

🚗 約17km
🚃 40分

🚗 約17km
🚃 30〜40分

旭川

旭山
動物園

🚗 約13km
🚃 35分

🚗 約25km
🚃 32分
🚃 55分（ラベンダー号）

旭川
空港

🚗 約140km
🚃 1時間25分
　（特急カムイ・ライラック）
🚃 2時間25分
　（高速あさひかわ号）

美瑛

🚗 約11km
🚃 16分（ラベンダー号）

🚗 約17km
🚃 26分
🚃 27分
　（ラベンダー号）

上富良野

🚗 約17km
🚃 16分
🚃 20分
　（ラベンダー号）

札幌

富良野

🚗 約116km
🚃 3時間（高速ふらの号）

🚗 約40km

南富良野

🚗 約23km

トマム

■2.5kmの直線道で、アップダウンが続く様子からジェットコースターの路と呼ばれている。上富良野町の町道(MAP P.126B-2) ■早朝の美瑛の丘風景 ■雪が積もった明け方の美瑛の丘とクリスマスツリーの木(MAP P.126B-2)

A
B
C

② 道の駅あさひかわ
マローススキー場
サンタプレゼントパーク
旭川駅
旭川四条駅
旭川神社
旭川市旭山動物園 P.17,148
神楽岡駅
東旭川
緑が丘駅
西御料駅
花人街道(富國国道)
西瑞穂駅
東神楽町役場
道の駅ひがしかわ「道草館」
東川町
西神楽
西神楽駅
東神楽町
ひがしかぐら
森林公園
西聖和駅
旭川空港
岐登牛山
西神楽1-18
旭
千代ケ岡駅
明徳小
志比内
忠別湖
P.143 北西の丘展望公園
ケンとメリーの木 P.143
P.143 セブンスターの木
北美瑛駅
P.154 きっちん・ひとさじ
親子の木
中宇莫別
五稜
P.158 MERLE
ぜるぶの丘 P.143
天人峡温泉
P.155 フェルム ラ・テール 美瑛
神居ダム
P.152 あるうのぱいん
ファミリーレストランだいまる P.152
マイルドセブンの丘
美瑛駅
美瑛町役場
美瑛町
瑠辺蘂
P.162 美瑛選果
藤野
道の駅えい「丘のくら」
美瑛
赤い屋根の家
置杵牛広域農道
置杵牛
P.143 新栄の丘展望公園
美瑛の丘 P.16,142
クリスマスツリーの木
三愛の丘展望台 P.143
千代田の丘展望台 P.143
P.139 かんのファーム
ファームレストラン千代田 P.155
自家焙煎珈琲店Gosh
美馬牛駅
拓真館
四季彩の丘 P.8,140,143
深山峠
妙見
道の駅びえい「白金ビルケ」 P.137
二股
日新ダム
P.16,136 白金 青い池
白金温泉
白ひげの滝
P.10,138 フラワーランド
かみふらの
富良野・美瑛ノロッコ号
日の出公園 P.152
旭野
上富良野駅
上富良野町役場
上富良野町
ラベンダー畑駅
西中駅
スパ&ホテルリゾート ふらのラテール
陸上自衛隊
富良野演習場
吹上露天の湯
中富良野町
奈江
ファーム富田
とみたメロンハウス
ポプラファーム 中富良野本店 P.159
十勝岳温泉
十勝岳温泉 湯元 凌雲閣
P.152 北星山ラベンダー園
中富良野町役場
ラベンダーイースト P.139
望岳台
彩香の里 佐々木ファーム
中富良野駅
Auberge erba stella
吉井
鹿討駅
ラベンダー園ひつじの丘
十勝岳
MPGそらち
カントリーテラス コロポックル
学田駅
原始ヶ原
ふらのワイン工場
北の峰
富良野
富良野市
富丘
フレペツ
P.152 レジャーガイド遊び屋
富良野駅
左上図
フラノバーガー P.157
布部川
富良野プリンスホテル
富良野市役所
鳥沼公園
P.159 菓子工房フラノデリス
フラノ・トレッキングサポート遊馬
八幡丘会館
P.145
新富良野プリンスホテル
麓郷の森
P.152 風のガーデン
富良野チーズ工房 P.163
五郎の石の家・最初の家 P.144
P.156 ル・ゴロワ フラノ
Glass Forest
in FURANO
P.152
拾って来た家・やがて町 P.145
P.160 ニングルテラス
珈琲
森の時計
旭川十勝道路
布部
新得方面
布部駅 布部

左上図（滝川駅・美瑛駅）
FURANO NATULUX HOTEL
唯我独尊
P.157 てっぱん・お好み焼まさ屋
富良野局
幸町
P.152 くまげら
P.159 ふらの
スリートロン
富良野市役所
フラノマルシェ P.162
アルジャン
JR根室本線
富良野駅
0 150 300m

A
B
C

126

富良野 美瑛
旭山動物園
（ふらの びえい／あさひやまどうぶつえん）

ラベンダーと花畑　丘の景観が魅力

富良野エリアにはラベンダー園や花畑が多く、7～8月はガーデンめぐりに訪れる観光客でにぎわう。「北の国から」などドラマのロケ地を訪れるファンも多い。美瑛では青い池と美しい丘風景を堪能しよう。眺めのいいカフェもある。地場産の農作物を使ったご当地グルメ、パン、スイーツなど、グルメも充実。

日本最北の動物園

3 旭山動物園

動物本来の行動や能力を引き出す工夫が施された、行動展示が話題。エサをあげながら観察する「もぐもぐタイム」も人気。

▶P.148

ご注意を　畑内への立ち入り禁止
美瑛では丘風景や木の撮影のために畑の中に入らないこと。富良野のガーデンでも花畑の中に入ったりしないよう注意。マナーを守って見学を。

問い合わせ先
ふらの観光協会 ☎0167-23-3388	なかふらの観光協会 ☎0167-39-3033
美瑛町観光協会 ☎0166-92-4378	美瑛町経済文化振興課 ☎0166-92-4321

一度は見たい青い池

2 美瑛

パノラマロードとパッチワークの路の二大ドライブルートに加え、世界的に話題となった青い池が有名な美瑛。美しい丘とパッチワークのような農業景観が見る人を惹きつける。名前の付いた絵になる木も要チェック。

BEST 絶景

絶景ナビ
白金 青い池	▶P.136
四季彩の丘	▶P.140
美瑛の丘	▶P.142

【交通案内】

レンタカー
ガーデンめぐりはレンタカーが便利。旭川空港、旭川駅、富良野駅などで借りられる。電車とレンタカーを組み合わせれば、長時間の運転も避けられてラク。

レンタサイクル
美瑛の丘巡りにはレンタサイクルも利用できる。美瑛駅前などにレンタサイクルショップあり。坂道が多いので自信のない人はアシスト自転車がおすすめ。

バス
旭川空港と美瑛、富良野をつなぐラベンダー号や、路線バスで観光スポットを回るのは難しい。6～8月の特定日に運行される観光周遊バス（ふらのバス）の利用がおすすめ。札幌発着の定期観光バスもある。

絶景ガーデン目白押し

1 富良野

国道237号は「花人街道237」の愛称をもち、街道沿いにガーデンが点在。人気のファーム富田は、花が満開になる7月は慢性的に混みあう。どのガーデンも広いので時間に余裕をもったプランを立てよう。

BEST 絶景

絶景ナビ
ファーム富田	▶P.132
フラワーランドかみふらの	▶P.138
かんのファーム	▶P.139
ラベンダーイースト	▶P.139
五郎の石の家・最初の家	▶P.144
拾って来た家-やがて町	▶P.145
麓郷の森	▶P.145

富良野・美瑛

【上手に巡るヒント！】

夏は混雑を避けるため早めの移動を心がけて

花のシーズンと夏休み、お盆休みが重なると旭川から美瑛、富良野の国道は渋滞するほど混みあう。人気のスポットへはなるべく早く到着し、駐車場を確保しよう。旭山動物園も開園時間前に到着して並ぶ覚悟で。人気のカフェやランチスポットは、時間をずらして行くのがコツ。

富良野・美瑛 [エリア概要]

旭山動物園と美瑛・富良野のハイライト！
青い池とラベンダー畑を巡る爽快ドライブ

絶景ナビ 旭山動物園〜美瑛の丘〜青い池〜四季彩の丘〜ファーム富田〜「北の国から」ロケ地

1泊2日コース

夏の北海道で、最も美しい風景が見られるのがこのエリア。人気の旭山動物園を訪れてから、お花畑と青い池の絶景を巡ろう。

1日目　車で

札幌

🚗 車で約2時間20分

9:30　生き生きとした動物をウォッチ
旭川市旭山動物園 **絶景ナビ**

札幌から高速道路利用で旭山動物園を目指す。夏の週末や夏休み期間中は開園前から行列ができるので、早めの到着を心がけたい。園内の効率のいい巡り方はP.151参照。

▶P.148

🚗 車で30分

12:30　木と花が印象的なガーデン
ぜるぶの丘

国道237号線を南下すると最初にあるガーデンがココ。ガーデン内の道を上って行くと、美瑛の丘が望める展望スポットがある。

▶P.143

🚗 車で5分

13:00　存在感のある木を探して
セブンスターの木

国道237号の西側はパッチワークの路と呼ばれるエリア。名前の付いた木と展望スポットが点在。看板をチェックしながら進もう。

▶P.143

🚗 車で5分

13:15　ピラミッド形の展望台
北西の丘展望公園

美瑛の丘と十勝岳連峰の山並みを望むことのできる展望台。周辺はガーデンになっていて7月はラベンダーがきれい。

▶P.143

徒歩2分

14:00　美瑛の丘風景の中でひと息
きっちん・ひとさじ

北西の丘展望公園の前にある眺めのいいカフェ。農場内に立つ木の温もりあふれる店内で、農場の野菜をメインにしたメニューが楽しめる。

▶P.154

🚗 車で2分

行先が旭山動物園、富良野、美瑛だけなら、旭川空港利用が便利。しかし、新千歳空港利用は便数が圧倒的に多いので利用しやすい。札幌から旭山動物園へは車で2時間20分ほど。長距離運転を避けるなら、JRとの組み合わせや、レンタカーの乗り捨てを利用するのも。見る場所を絞れば札幌からの日帰りも可能だ。

1日目の旭山動物園、2日目のファーム富田は、夏のシーズン中はかなり混みあうので、早めの到着がおすすめ。また、レストランやカフェもランチ時をずらすのがポイント。

美瑛の丘の道は農道が複雑に入り組んで迷いやすい。カーナビと看板を見ながらゆっくり走ろう。

15:40 ひと足のばして白金温泉へ
白ひげの滝

青い池からさらに行くと白金温泉があり、入口のブルーリバー橋から白ひげの滝が望める。この滝の水に含まれる成分が青い池に流れ込んでいる。

🚗 車で8分

15:50 新しい道の駅でおみやげ探し
道の駅びえい「白金ビルケ」

青い池から車で3分の場所にある道の駅で、青い池にちなんだおみやげが充実。隣接してアウトドアショップやカフェも。 ▶P.137

🚗 車で15分

16:30 美瑛最大のガーデン
四季彩の丘
絶景ナビ

波打つ丘にカラフルな花が彩りを添えるスケールの大きなガーデン。十勝岳連峰の眺めもいい。トラクターバスやカートで園内を巡ることもできる。 ▶P.140

🏨 富良野市内ホテル

14:40 絵になるポプラの木
ケンとメリーの木

パッチワークの路を代表する風景が「ケンとメリー」と名付けられた木。駐車場に車を停めて少し離れた場所から写真を撮ろう。 ▶P.143

国道に戻ってJR富良野線を越え、道道966号線へ。この道は白樺街道と呼ばれ「北海道自然100選」のひとつ。道沿いに白樺並木が続く。

🚗 車で20分

15:00 美瑛最大の見どころへ
白金 青い池
絶景ナビ

駐車場から木立の中を行くと現れる、青い池。夏は駐車場が混みあうことも。 ▶P.136

🚗 車で5分

🚗 車で10分

10:30 「花人街道237号」の人気ガーデン
フラワーランドかみふらの

花畑の向こうに田園風景と十勝岳連峰が望める、眺めのいいガーデン。周辺農家の農産物の販売もしている。

絶景ナビ

▶P.138

🚗 車で30分

11:30 宿根草の絵になるガーデン
風のガーデン

新富良野プリンスホテルの敷地内にある、同名のテレビドラマのために造られたガーデン。7月上旬〜10月中旬と、長い期間花を楽しめる。

▶P.152

徒歩3分

12:00 個性的な店が集まる
ニングルテラス

新富良野プリンスホテルの敷地内の森にある、小さなログハウスがクラフトショップになっている。お気に入りの手作り作品を見つけよう。

▶P.160

徒歩3分

12:30 事前に予約をしておこう
ル・ゴロワ フラノ

こちらも新富良野プリンスホテル敷地内。北海道食材を使ったイタリアンが人気の店。旬の食材を使ったコース料理で優雅なランチタイムを過ごそう。

▶P.156

🚗 車で30分

2日目

8:30 虹色のガーデンとラベンダー
ファーム富田(とみた)

絶景ナビ

旅のハイライトのひとつがここ。7〜8月はとても混みあうので早めに到着したい。メインの「彩りの畑」は園内中央の駐車場が近い。園内施設は9時〜。

▶P.132

🚗 車で5分

9:45 メロンとソフトの名物スイーツ
ポプラファーム中富良野本店(なかふらののほんてん)

ファーム富田から国道を渡ってすぐ。7月上旬〜8月上旬のメロンの最盛期は、サイズも大きめで糖度も高く狙い目。

▶P.159

option 7月限定のラベンダー畑

7月なら足をのばしてみたい「ラベンダーイースト」。紫の絨毯がどこまでも広がる絶景が見られる。ファーム富田から約4km。

▶P.139

16:00 変化する不思議なガラス
Glass Forest in FURANO

拾って来た家に隣接するガラス工房。広い店内に豊富な品揃え。

▶P.152

使っていくうちにひびの模様が変化する、オリジナルの「しばれ硝子」のグラス類が人気。

🚗 車で30分

17:00 富良野みやげが一堂に集まる
フラノマルシェ アルジャン

最後は富良野のおみやげをゲットしにフラノマルシェへ。産直市場にはとれたて野菜がいっぱい。

▶P.162

お菓子、ワイン、ジャムなどおみやげにぴったりの商品がいろいろ。テイクアウトグルメも充実。

 車で2時間

JR札幌駅

---

option ➕ 1日あったら

トマムに泊まって雲海テラスへ

富良野から国道38号線を南下してトマムまで約67km、車で1時間20分。星野リゾート トマムに宿泊して、翌朝、ロープウェイで雲海テラスに行くのもおすすめ。ロープウェイだけの利用も可能だ。

▶P.146

14:15 「北の国から」の世界に浸る
五郎の石の家

絶景ナビ
▶P.144

テレビドラマ「北の国から」の舞台となった麓郷エリアに行ったら、まずは五郎の石の家へ。昭和レトロな内観にも注目。近くに「最初の家」もある。

🚗 車で5分

14:50 森の中に佇む家
麓郷の森

絶景ナビ
▶P.145

広い森の中に「北の国から」に登場する丸太小屋や3番目の家などが立っている。入口にレストランがあり、食事やカフェでひと息つくことも。

🚗 車で5分

15:15 アイデア満載のエコハウス
拾って来た家-やがて町

ロケ地めぐりの最後はここ。バスやコンテナ、電話ボックスなどの廃材を使って造った家は芸術作品のよう。内部もリサイクルのアイデアが随所に見られる。

絶景ナビ
▶P.145

徒歩すぐ

中富良野

1 絶景
ナビ

ファーム富田

MAP P.126B-3 ☎0167-39-3939

圧倒的な人気と知名度を誇るガーデン。約9haもの傾斜地に広がる10の花畑でラベンダーをはじめ100種類以上の花を栽培。ラベンダーグッズのほか、スイーツや軽食を販売するショップもある。

所中富良野町基線北15号 時入園自由(園内施設は9:00～18:00※施設・季節により変動あり)休無休(施設により異なる)料入園無料 交JR中富良野駅から車で5分(ラベンダーシーズン中はJRラベンダー畑駅から徒歩7分)P約500台

Bestシーズン　　7月 中旬～下旬

彩りの畑とラベンダー畑
色と香りの絶景ガーデン

富良野・美瑛
[絶景名所ナビ]

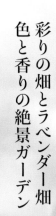

ファーム富田の花図鑑

アイスランドポピー
5月中旬～6月中旬
春を代表する花のひと
つ。オレンジや白などカラ
フルな花が風に揺れる。

ラベンダー
6月下旬～8月中旬
おかむらさき、濃紫早咲な
ど品種により花期、花の
咲き方、色に違いがある。

コマチソウ
7月中旬～下旬
彩りの畑に欠かせない濃
いピンク色の花。先端に
小さな花が集まって咲く。

ケイトウ
6月上旬～10月上旬
鶏頭と書き、トサカに似
ていることが名前の由
来。花色が豊富にある。

1 森の彩りの畑のラベンダー。見頃は7月中旬〜下旬 2 トラディショナルラベンダー畑は斜面に濃淡3種類のラベンダーが咲く 3 ショップではドライフラワーやラベンダー製品を販売 4 心地よい風景が広がる白樺の森

LAVENDER FARM
TOMITA

お気に入りの花畑を探そう！

斜面を彩るカラフルな10のガーデンを巡る

ラベンダー以外にもポピー、ハマナス、カスミソウなど、約100種類もの花が彩り豊かに咲く。

所要約2時間

② 森のラベンダー畑

3種類のラベンダーが植えられている、ファーム富田を代表する花畑

斜面の一番上にあるラベンダー畑

① トラディショナルラベンダー畑

START

③ 白樺の森

森のラベンダー畑を上りきると、約500本の白樺の自然林が広がる

④ 山の彩りの畑

白樺の森の先には、森を背景に赤やピンクなど色鮮やかなポピーが咲く

⑤ 森の彩りの畑

山の彩りの畑を抜けると視界が開け、ポピーやカスミソウが咲く斜面を見下ろす

⑥ 彩りの畑

斜面を虹のように彩る園内で一番人気の花畑

⑦ 秋の彩りの畑／春の彩りの畑

⑩ グリーンハウス

シーズン以外でもラベンダーが見られる温室

⑨ 花人の畑

初夏〜秋にかけてケイトウやキンギョソウが帯状に咲く

⑧ 倖の畑

4種類のラベンダーを一度に見ることができる広々とした畑

雪解け直後から10月上旬まで、長期間花が楽しめる

③ 白樺の森　② 森のラベンダー畑
④ 山の彩りの畑　① トラディショナルラベンダー畑
⑤ 森の彩りの畑
⑥ 彩りの畑
⑩
⑨ 花人の畑　⑧ 倖の畑　⑦ 秋の彩りの畑
花人の舎　⑦ 春の彩りの畑
香水の舎

info ラベンダーグッズ＆スイーツ

ラベンダーのエキスを使ったラベンダーカルピス260円

ラベンダーエキス入りのほんのり紫色。ラベンダーソフトクリーム300円

試験管の中にドライフラワーが入ったブレンドポプリレイヤー(S)各275円

シリーズナチュラルラベンダーソープ726円。オイルと花を練りこんだ石けん

2 絶景ナビ
白金 青い池
（しろ かね あお いけ）

MAP P.126C-2 ☎0166-94-3355
〈道の駅びえい「白金ビルケ」〉

十勝岳の火山災害を防ぐために建設されたえん堤に、美瑛川の水が溜まった池。水中の成分に太陽の光が反射し、幻想的なブルーに見える。冬には期間限定イベントの青い池ライトアップも開催される。

所美瑛町白金 時見学自由 交JR美瑛駅から車で20分（または白金温泉行きバスで20分、白金青い池入口下車すぐ）P有料270台（500円）

| Bestシーズン | 7〜8月 |

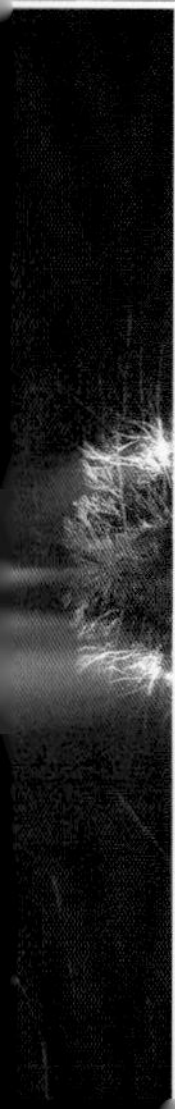

白樺林を歩いて 青い池を眺める

青い池の駐車場から池に沿って散策路が整備されている。白樺の木立と池のブルーのコントラストも美しい。空いている早朝が狙い目だ。

駐車場から森を抜けると木の間から青い池が

ところどころ柵のある場所は絶好の撮影スポット

遊歩道の終点では美瑛川へと流れ込む池が見える

朝と夜、季節により表情を変える青い池

---

info 道の駅びえい
「白金ビルケ」でお買い物

JR美瑛駅から約16km、青い池から車で3分ほどのところにある道の駅。ショップには青い池グッズが揃う。

青い池煎餅 270円
鮮やかなブルーが目を引く甘い煎餅

青い池まんじゅう 780円
青い池をイメージしたラムネ味のおまんじゅう

美瑛サイダー 230円
レモン味。青い池サイダーと呼ばれている

青い池キャンディ 432円
おみやげに人気のかわいいキャンディ

MAP P.126C-2 ☎0166-94-3355
所美瑛町白金 時9:00〜18:00（9〜5月は〜17:00）休無休 交JR美瑛駅から車で15分（または白金温泉行きバスで18分、道の駅白金ビルケ下車すぐ）P15台

富良野・美瑛 [絶景名所ナビ]

137

絶景
ナビ

3

上富良野

フラワーランドかみふらの
MAP P.126B-2 ☎0167-45-9480

広さ15haの広大な園内に約300種類の花が咲く。6〜9月は園内を巡るトラクターバス（1回500円）も運行。売店では農産物やラベンダーグッズを販売。

所上富良野町西5線北27号 時3〜11月の9:00〜17:00（季節により変動あり）休期間中無休 料入園無料 交JR上富良野駅から車で5分 P100台

Bestシーズン　7月中旬〜8月下旬

十勝岳連峰を望む
富良野最大級の花畑

138

4 絶景 かんのファーム

上富良野

MAP P.126B-2 ☎0167-45-9528

斜面をカラフルな花々が彩り、特に種から育てるラベンダーがきれい。売店ではジャガイモや白いトウモロコシを味わえる。

所上富良野町西12線北36号美馬牛峠 時6月上旬～10月中旬の9:00～17:00 休期間中無休（季節・天候により変動あり）料入園無料 交JR美瑛駅から車で10分 P50台

Bestシーズン　**7月中旬～8月下旬**

5 絶景ナビ ラベンダーイースト

上富良野

MAP P.126B-3 ☎0167-39-3939（ファーム富田）

ファーム富田の東約4kmの場所に位置する、香料用ラベンダーを栽培している畑。日本最大級の広さを誇り、花期の7月のみ一般公開される。

所上富良野町東6線北16号 時7月の9:30～16:30 休期間中無休 料入園無料 交JR中富良野駅から車で10分 P70台

Bestシーズン　**7月**

美瑛の丘を覆い尽くす
鮮やかな花のストライプ

四季彩の丘

MAP P.126B-2 ☎0166-95-2758

約14万㎡の波打つ丘にある花畑に、約30種類の花がカラフルに咲く。5〜10月の長期間花が見られる。広い園内はトラクターバスやカート（有料）で巡ることもできる。

所美瑛町新星第3 時8:30〜17:30（季節により変動あり）休無休 料7〜9月500円（アルパカ牧場は500円）交JR美馬牛駅から車で5分 P有料300台

Bestシーズン	7月中旬〜9月中旬

富良野・美瑛 ［絶景名所ナビ］

info もふもふアルパカと触れあえる

四季彩の丘のもうひとつの見どころがアルパカ牧場。人懐っこいアルパカにエサやり体験も（入場500円、エサ代100円）。

141

パッチワークの路と
パノラマロード
それぞれの丘風景

どこまでも続く丘陵はすべてが見どころ！
美瑛の丘ドライブ

花畑や農作物が作り出す景色を楽しみながらドライブ。高台からは雄大な田園風景が望める。

❶ ぜるぶの丘

花々がカラフルに園内を彩る。展望台からはケンとメリーの木も。
MAP P.126B-2 ☎0166-92-3315
所美瑛町大三 時4月中旬〜10月中旬の8:30〜17:00 休期間中不定休 料入園無料 交JR美瑛駅から車で5分 P100台

🚗車3分

1972年の車のCMで有名になったポプラの木。見学は農地に入らないよう注意。
MAP P.126B-2 ☎美瑛町観光協会
所美瑛町大久保協生 時見学自由 交JR美瑛駅から車で5分 P50台

❷ ケンとメリーの木

🚗車7分

❸ セブンスターの木

1976年にタバコのパッケージに採用され有名になったカシワの木。
MAP P.126B-1 ☎美瑛町観光協会
所美瑛町北瑛 時見学自由 交JR美瑛駅から車で10分 P20台

🚗車5分

ピラミッド形の展望台が目印。ガーデンには季節の花々が咲く。
MAP P.126B-2
所美瑛町大久保協生 時見学自由（観光案内所は5〜10月の9:00〜17:00、期間中無休）交JR美瑛駅から車で5分 P30台

❹ 北西の丘展望公園

🚗車12分

❺ 新栄の丘展望公園

赤い屋根の家を望む、美瑛を代表する撮影スポット。道内屈指の夕日の絶景スポットでもある。
MAP P.126B-2 ☎美瑛町観光協会
所美瑛町美馬牛新栄 時見学自由 交JR美瑛駅から車で7分 P30台

🚗車10分

丘一面をカラフルな花がストライプ状に彩るスケールの大きな花畑。春から秋にかけて長い期間花を楽しむことができる。
▶P.140

❻ 四季彩の丘

🚗車10分

❼ 千代田の丘展望台

千代田の丘にある見晴台。2階はガラス張りになっている。
MAP P.126B-2 ☎0166-92-7015
所美瑛町水沢春日台 時見学自由 交JR美瑛駅から車で10分 P20台

🚗車5分

❽ 三愛の丘展望公園

美瑛の丘が一望できる人気のスポット。波打つ田園風景と、背景には十勝岳連峰が望める。
MAP P.126B-2 ☎美瑛町観光協会
所美瑛町三愛 時見学自由 交JR美瑛駅から車で5分 P8台

---

⑦ 絶景ナビ

美瑛

美瑛の丘（びえいのおか）

MAP P.126B-2 ☎0166-92-4378
（美瑛町観光協会）

「丘のまち美瑛」は、美瑛駅を挟んで北西がパッチワークの路、南がパノラマロードと呼ばれている。存在感のある木も風景のアクセントに。写真は新栄の丘展望公園から。
所美瑛町 交JR美瑛駅周辺

Bestシーズン	7月

info 丘風景と小麦畑

美瑛の丘風景のポイントとなる作物が小麦。春と秋に植えられ、収穫期には黄金色になった穂が輝く。より濃い色の赤麦も見られる。

---

8 絶景ナビ
五郎の石の家・最初の家

MAP P.126C-3 ☎0167-23-3388（ふらの観光協会）

「'89帰郷」で、畑から出る火山岩を積み重ねて五郎が建てた家。地下水を汲み上げるための風車がシンボル。石壁がむき出しの屋内には、遺言を書いたちゃぶ台などがある。

所 富良野市東麓郷1 時 4月中旬～11月初旬の9:30～18:00（季節により変動あり）休期間中無休（冬季閉鎖あり）料 入場500円（3施設共通1200円）交 JR富良野駅から車で30分 P 100台

五郎の石の家近くにある黒板一家が最初に住んだ家の中には石造りの暖炉などがある

「北の国から」のあのシーンがよみがえる

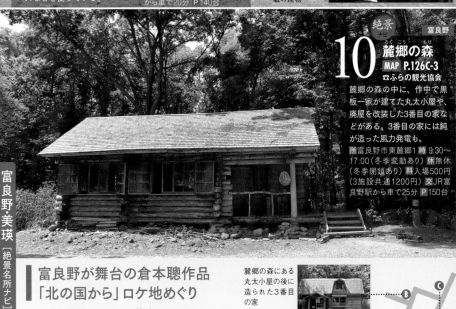

9 拾って来た家 -やがて町

絶景ナビ　富良野

MAP P.126B-3 ☎ふらの観光協会

2002年「遺言」の中で、五郎が仲間と廃材を集めて建てた4軒の家。コンテナや電話ボックス、廃バスなどを使っている。

所富良野市麓郷市街地 時9:30～18:00（季節により変動あり）休無休 料入場500円（3施設共通1200円）交JR富良野駅から車で20分 P140台

斬新なリサイクルアイデアが満載の建物

10 麓郷の森

絶景ナビ　富良野

MAP P.126C-3 ☎ふらの観光協会

麓郷の森の中に、作中で黒板一家が建てた丸太小屋や、廃屋を改装した3番目の家などがある。3番目の家には純が造った風力発電も。

所富良野市東麓郷1 時9:30～17:00（冬季変動あり）休無休（冬季閉鎖あり）料入場500円（3施設共通1200円）交JR富良野駅から車で25分 P150台

富良野が舞台の倉本聰作品「北の国から」ロケ地めぐり

ロケ地は麓郷のエリアに集中しているので一緒に巡ってドラマの世界に浸ろう。

麓郷の森にある丸太小屋の後に造られた3番目の家

ゴンドラを使って建てたすみえと正彦の家

五郎の石の家はおとぎ話に出てくる家のよう

JR富良野駅 → 車20分 → 拾って来た家-やがて町 → 車5分 → 麓郷の森 → 車5分 → 五郎の石の家・最初の家

253

ゴンドラに乗って雲の上へ
雲海をとことん楽しむ

絶景ナビ

11 雲海テラス
トマム

MAP P.4E-2 ☎0167-58-1111（代表電話）

トマム山の標高1088mにある展望スポットまで雲海ゴンドラで約13分。天候条件が合えば目の前に広がる雲海の絶景を眺められる。

星野リゾート　トマム
所占冠村中字トマム 時5月中旬～10月中旬の5:00～7:00（下り最終8:00、時季により変動あり）、霧氷テラスは12～3月の9:00～15:00（予定。時季により変動あり）休期間中無休（荒天時運休あり）料ゴンドラ往復1900円（冬季は2200円）交JRトマム駅から無料シャトルバスで5分 P1500台

Bestシーズン	7月～10月中旬

トマム山へ
⑥
⑤
④
③
② 雲海テラス
① 山頂駅
ゴンドラ
てんぼうからぇ

---

❸ Sky Wedge
スカイ　ウェッジ

雲海テラスの散策路の中間地点にある触先のように突き出た展望スポット

雲海テラスをもっと楽しむ新スポットが続々オープン！

斬新なアイデアの体感型展望施設。さまざまなロケーションで雲海を眺めよう。

❷ Cloud Walk
クラウド　ウォーク

斜面からせり出した展望スポットは、雲の上を歩いているような気分に

146

❶ Cloud Bar
バーカウンターをイメージした
展望スポット

富良野・美瑛 [絶景名所ナビ]

info 「てんぼうかふぇ」で
雲海を味わう

ゴンドラの山頂駅を降りてす
ぐ。雲海をイメージしたオリ
ジナルメニューがいろいろ。

雲海ソーダ600円。
ブルーのソーダに
わたあめをオン!

冬季限定!

冬は霧氷テラスになり、
霧氷が作り出す幻想的
な風景を楽しめる!

❻ Cloud Pool 雲海テラス内に造ら
れた、雲の形を再現
した直径10mの巨大
なハンモック

❺ Contour Bench

標高1000mを超える山の斜面に設置され
たベンチ。雲の動きに合わせて席を選べる

❹ Cloud Bed
雲を形成する雲粒をイメージした
クッション

夏季と冬季
どちらも訪れたい！

水中のトンネルからは空
を飛んでいるように見える

ぺんぎん館

12 絶景ナビ

旭川

旭川市旭山動物園
MAP P.126B-1 ☎0166-36-1104

動物本来の行動を引き出すアイデアたっ
ぷりの展示方法が話題の動物園。もぐも
ぐタイムなど、動物の習性を学べるガイ
ドや季節限定イベントもあり、さまざま
な角度から動物を観察できる。

所旭川市東旭川町倉沼 時[夏季]2023年
4月29日〜10月15日、9:30〜17:15／10月16
日〜11月3日、9:30〜16:30（共に最終入園
は16:00）[冬季]2023年11月11日〜2021年
4月7日、10:30〜15:30（最終入園は15:00）
休2023年4月10〜28日、11月4〜10日（開
園期間中は無休）料入園1000円 交JR旭
川駅から旭川電気軌道バス旭山動物園行
きで40分、旭山動物園下車すぐ P500台

富良野 美瑛 [絶景名所ナビ]

12月下旬〜3月中旬
ペンギンの散歩

ほっきょくぐま館

あざらし館

オオカミの森

シロフクロウ舎

1 カプセルからホッキョクグマを観察できるシールズアイ **2** 高さ3mの円柱形のマリンウェイを行ったり来たりするアザラシ **3** オスは羽毛に黒い斑点がある **4** オオカミが暮らしていた北海道の自然を再現 **5** メインの大プールでは泳ぐカバが見られる

かば館

人気アニマルスポットを効率よく巡りオリジナルグッズを手に入れよう！

ハイライトコースなら短い時間で人気スポットを回れる。イラスト看板に従って左回りで進めばロスが少ない。

必見！もぐもぐタイム

飼育員がエサを与えながら、習性について説明するイベント。開催時間はウェブサイトなどでチェック。

おしりのクッキー付きソフトクリーム400円 **D**

アザラシの顔がキュートな動物パンケーキ410円 **E**

アイコン一覧
- トイレ
- 休憩所
- コインロッカー
- 共 共生展示
- もぐもぐタイム
- 冬× 冬は見られない
- 通行止め

0　50m

オリジナルグッズ

園内のショップで旭山動物園ならではのおみやげをゲット♪

旭山動物園箸置
3個セット1080円
3種類の動物の手作り箸置き。カパなどもある **A**

白くまのおてて
400円
シロクマの肉球をイメージした特大サイズのクッキー **C**

Tシャツ 2970円
ひょっこり顔を出しているシロクマプリントのTシャツ **B**

オリジナルステンレスドリンクボトル 1800円
動物園くらぶ限定販売のステンレス2層式保温保冷ボトル **D**

Goal

Start

動物園正門	⑫北海道産動物舎	⑪ちんぱんじー館	⑩えぞひぐま館	⑨おらんうーたん館	⑧エゾシカの森	⑦オオカミの森	⑥レッサーパンダ舎	⑤ほっきょくぐま館	④あざらし館	③ぺんぎん館	②きりん舎	①かば館	動物園正門	

ハイライトコース 2時間30分

王道コース 3時間

151

北星山ラベンダー園
MAP P.126B-3 ☎0167-44-2123
（中富良野町企画課）

北星山の斜面にラベンダーやヒマワリ、マリーゴールド、サルビアなどが植えられていて、リフトから眺められる。

所中富良野町宮町1-41 時6月中旬～8月下旬の9:00～18:00 休期間中無休 料入園無料 交JR中富良野駅から徒歩15分 P100台

風のガーデン
MAP P.126A-3 ☎0167-22-1111
（新富良野プリンスホテル）

ドラマの舞台となった宿根草のガーデン。旭川にある上野ファームの上野砂由紀さんがデザイン。

所富良野市中御料 時4月下旬～10月中旬の8:00～最終受付16:30（季節により変動） 休期間中無休 料入園1000円 交JR富良野駅から車で10分（風のガーデン受付から送迎車で4分） P390台

あるうのぱいん
MAP P.126B-2
☎0166-92-3229

田園風景の中の一軒家カフェ。道産小麦を天然酵母で発酵させた自家製パンのチーズフォンデュセット1600円が人気。

所美瑛町大村村山 時4月下旬～10月の11:00～17:00（なくなり次第閉店） 休期間中木・金曜 交JR美瑛駅から車で7分 P10台

くまげら
MAP P.126A-2
☎0167-39-2345

ドラマ「北の国から」にも登場する有名店。富良野食材を使った豊富なメニューが揃う。ふらの和牛のサーロイン使用の和牛ローストビーフ丼は2100円。

所富良野市日の出町3-22 時11:30～21:00LO 休水曜 交JR富良野駅から徒歩4分 P40台

ファミリーレストラン だいまる
MAP P.126B-2
☎0166-92-3114

ご当地グルメ、美瑛カレーうどん980円が人気。美瑛産豚肉と野菜添えのつけ麺で、麺も美瑛産小麦の手打ち。

所美瑛町中町1-7-2 時11:00～15:00LO、17:00～19:30LO 休水曜 交JR美瑛駅から徒歩5分 P15台

日の出公園
MAP P.126B-2
☎0167-39-4200
（上富良野町日の出公園オートキャンプ場）

小高い丘の上に展望台があり、富良野地方が一望できる。「愛の鐘」はカップルに人気。周囲のラベンダー園は7月上旬～8月上旬が見頃。

所上富良野町東1線北27号 時入園自由 交JR上富良野駅から徒歩15分 P70台

十勝ヒルズ
MAP P.4F-2
☎0155-56-1111

四季折々の草花樹木が広がる。園内のレストランでは自社生産の食材を使ったコース料理が楽しめる。

所幕別町日新13-5 時4月23日～10月16日の9:00～17:00（施設により異なる） 休期間中無休 料入園1000円 交JR帯広駅から車で15分 P150台

十勝千年の森
MAP P.4E-2
☎0156-63-3000

テーマ別の4つのガーデンに、アート作品が自然と溶け込むように展示されている。セグウェイや乗馬体験もできる。

所清水町羽帯南10線 時4月下旬～10月中旬の9:30～17:00（時季により変動） 休期間中無休 料入園1200円 交JR十勝清水駅から車で15分 P180台

【十勝エリア】

レジャーガイド遊び屋
MAP P.126A-3
☎0167-22-0534

地上とロープでつないだ係留フライトが楽しめる。モーニングフライトでは上空30mから十勝岳連峰を一望できる。

所富良野市字学田三区4746 時8:00～20:00 休4・11月に休業期間あり 料2750円（所要約5分、モーニングフライトはGWと5月30日～10月上旬の6:00～7:00、要予約） 交JR富良野駅から車で10分 P100台

Glass Forest in FURANO
MAP P.126B-3
☎0167-39-9088

極寒の自然現象ダイヤモンドダストをイメージしたしばれ硝子のグラスやピッチャーが人気。使い込むと変化していく。

所富良野市麓郷市街地3 時9:00～18:00 休木曜（祝日の場合など変動あり） 交JR富良野駅から車で20分 P約50台

富良野 美瑛で

食べる
買う

美瑛丘ランチ

美瑛は小麦やジャガイモ、トウモロコシなどの名産地。丘にあるレストランで、畑の風景を眺めながら美瑛の恵みを味わおう。

季節のバスケット
1800円
季節のスープ、手ごねチャバタのサンドイッチ、季節の小鉢、ドリンク付き

美瑛

きっちん・ひとさじ
MAP P.126B-2 ☎0166-74-8307

所美瑛町大村大久保協生 時12:00～14:30LO
休月～木曜、11月～4月中旬不定休 交JR美瑛駅
から車で5分 P北西の丘展望公園駐車場利用

丘の中に立つ
農夫のカフェ

北西の丘展望台の近く、農場の中にあるカフェ。欧風の建物は、テラス席からの眺めもバツグン。農場でとれたみずみずしい食材を使ったランチセットが自慢。晴れた日はランチバスケットを持って、広々とした農場を散歩してみるのも。

1 小麦畑の真ん中にあり、店内も木の温もりあふれる落ち着ける空間 2 窓から農場が見渡せる明るい店内

美瑛食材の洋菓子やパン

美瑛の小麦を使っていた東京の洋菓子店が、美瑛の丘にレストラン併設の店舗をオープン。最高のロケーションでランチが楽しめる。美瑛産小麦100%の焼きたてパンを味わってみて。スイーツの種類も豊富。

知床産鶏肉と季節のお野菜
2640円
美瑛産小麦を使ったパン3種と季節のスープ、ドリンクがセットに。季節ごとの美瑛の丘をイメージしたメニュー

[美瑛]

フェルム ラ・テール 美瑛（びえい）

MAP P.126B-2
☎0166-74-4417

所美瑛町字大村村山 時ショップ10:00〜17:00、ランチは11:00〜14:30LO（事前予約優先制）、ディナーは17:00〜19:00LO（予約制）休不定休（要事前確認）交JR美瑛駅から車で8分 P36台

❶パンは3種類の美瑛小麦をブレンド ❷人気のバターチーズサンド ❸広いレストランには個室やテラス席も

一牧場一銘柄のびえい和牛を

千代田の丘展望台近くにある牧場直営のレストラン。一貫生産で育った黒毛和牛の「びえい和牛」はきめ細かいサシが特徴。ステーキやハンバーグで味わえる。ジャージー牛のミルクを使ったソフトクリーム400円も人気。

富良野・美瑛
[美瑛丘ランチ]

びえい和牛100%の
手ごねハンバーグ
1980円
濃厚な肉のうま味を感じられる手作りのハンバーグ。ライスまたはパン付き

[美瑛]

ファームレストラン千代田（ちよだ）

MAP P.126B-2 ☎0166-92-1718

所美瑛町水沢春日台第一 時11:00〜16:00（時季により変動あり）休無休（臨時休業あり）交JR美瑛駅から車で10分 P20台

❶広大な牧場の中にありポニーやヤギなどと触れあえる「ふれあい牧場」がある ❷広い窓の向こうには木々のグリーンが広がる

ル・ゴロワ フラノ

MAP P.126A-3 ☎0167-22-1123
（予約受付10:00〜17:00）

所富良野市中御料 新富良野プリンス敷地内 **時**12:00〜13:30LO、17:30〜19:30LO※要予約 **休**月・火曜（季節により営業、その場合振り替えあり）**交**JR富良野駅から車で10分 **P**新富良野プリンスホテル利用390台

イタリアン

大塚健一シェフとマダムの敬子さん

富良野グルメ

山に囲まれた富良野盆地は北海道屈指の野菜の生産地。タマネギ、ニンジン、ジャガイモなどの地場産食材を、イタリアンや名物グルメでどうぞ。

❶煙突のレンガを囲むゴロワの鐘 ❷曲線が印象的な内観

生産者の思いを一皿一皿に表現

脚本家・倉本聰氏監修のレストラン。東京で北海道食材を使った店を営んでいた大塚夫妻が富良野に移住し、オープンした。食材が優れた北海道で、食べる喜びを感じられるイタリアンを提供。

ル・ゴロワ ランチコース
3900円
特製スープやシェフの気まぐれパスタなどが楽しめるランチコース

ル・ゴロワ フラノ名物のグレープフルーツのプリン

白糠産エゾ鹿もも肉のソテー富良野の野菜を添えて

厚岸アサリのパスタ

寿都産黒カレイと富良野の新鮮野菜のカルパッチョ

坊ちゃんカボチャと牛乳のムースのスープ

※秋のある日のメニュー。内容は季節により変わる

156

富良野
カレー

うま味凝縮のルーは辛さとコクが格別

じっくり炒めた富良野産のタマネギに、ニンジンやフルーツなどと30種類のスパイスを加えて作るルーが味の決め手。野菜、お米、ルーの小麦粉など富良野産を使用。ソーセージは店内で手作り。

オム＋ソーセージカレー
1690円
チーズ入りのオムレツの下にターメリックライス。富良野産季節の野菜添え

唯我独尊（ゆいがどくそん） 富良野
MAP P.126A-2
☎0167-23-4784
所富良野市日の出町11-8 時11：00〜20：30LO 休月曜（祝日の場合は翌日休）交JR富良野駅から徒歩5分 P10台

富良野産豚肉のグルメバーガー

常に行列ができる人気のバーガーショップ。富良野産豚のハムやソーセージを製造している富良野牧場の経営。野菜などもすべて地元産にこだわり、パンも自家製。外のテラス席で食べることも。

フラノチーズバーガープレート
1350円
パティは焼きたて、ベーコンとソーセージは富良野牧場、野菜はすべて富良野産

フラノバーガー

富良野
フラノバーガー
MAP P.126B-3
☎0167-23-1418
所富良野市東鳥沼1 時4月下旬〜10月の11：00〜17：30LO（2022年11月現在テイクアウトのみ）休無休（4〜6月は月曜休、9・10月は木曜休）交JR富良野駅から車で10分 P30台

富良野・美瑛
［富良野グルメ］

富良野
オムカレー

鉄板で作るご当地オムカレー

ご当地グルメ富良野オムカレーが人気の鉄板焼き店。鉄板を使ったオムカレーが作られる様子を目の前で見られる。炎が立ちのぼる上富良野ポークの炎のスペアリブ1980円も人気。

てっぱん・お好み焼（このみやき）
まさ屋 富良野
MAP P.126A-2
☎0167-23-4464
所富良野市日の出町11-15 時11：00〜14：30、17：00〜20：30LO 休木曜（祝日の場合は翌日休）交JR富良野駅から徒歩5分 P7台

富良野オムカレー
1430円
富良野バターで炒めるバターライスの上に上富良野産ポークのトントロがのる

人気のワケ

富良野や美瑛産の小麦を使った手作りの洋菓子、地場産ミルクのスイーツ、富良野メロンなど、地産地消の人気スイーツを食べてみて!

森の中に佇む一軒家のカフェ

森の中にある黒いシックな外観のパティスリーカフェ。手作りのスイーツはテイクアウトも。平飼い自然卵と低温殺菌乳のメルルのプリン460円や、植物性食品で作るベジケーキもある。

Afternoon Tea

ベイクドタイプのクラシックチーズケーキ520円

本日のコーヒーはハンドドリップで丁寧に

アフタヌーンティー
2650円
生菓子2種、焼き菓子3種、スコーンとジャムに紅茶かコーヒーのセット

店の周りには木や花が茂り植物園のよう

MERLE メルル 美瑛

MAP P.126B-1・2 ☎0166-92-5317

所美瑛町美田第3 時13:00〜18:00LO 休火〜木曜(冬季休業あり) 交JR美瑛駅から車で15分 P6台

Hot Biscuits

ホットビスケット（ドリンク付き）
1050円
クリームが詰まったビスケットをソフトクリームやキャラメルソースと一緒に

富良野
菓子工房
フラノデリス
MAP P.126A-3
☎0167-22-8005
所富良野市下御料2156-1
時10:00〜18:00（カフェコーナーは〜17:30）休火・水曜（祝日と毎月1日は営業）交JR富良野駅から車で10分 P20台

富良野スイーツの人気店

小さな牛乳瓶に入ったふらの牛乳プリン350円が看板商品。カフェでは数量限定のふらの牛乳プリンのフレンチトーストやホットビスケットを、自家焙煎コーヒーと一緒に味わえる。

石段を上って店へ。店内は右側がショップ、左側がカフェになっている

サンタのヒゲ1/2（大）
1400円〜
ソフトクリームとメロンの果肉が絶妙な味わい。シェアして食べてもいい

富良野

ポプラファーム
中富良野本店
MAP P.126B-3
☎0167-44-2033
所中富良野町東1線北18号 ふらのラテール敷地内
時4月中旬〜10月下旬の9:00〜16:30LO 休期間中無休 交JR中富良野駅から車で5分 P100台

Santa no Hige

メロンとソフトのコラボ

ハーフカットしたメロンにソフトをのせたサンタのヒゲが名物。メロンの大きさによって小800円〜、大1400円〜。十勝小豆のトッピングやメロンのソフトも。旬は7〜10月。

ホテルの敷地内の広い駐車場にあり、サンタのヒゲの巨人オブジェが目を引く

Kinowa

きのわ（富良野クッキーもなか）
1枚140円
もなかの皮に富良野産米粉とバターたっぷりの生地を入れて焼いたクッキー

富良野

ふらの
パティスリートロン
MAP P.126A-2
☎0167-56-7883
所富良野市幸町1-23 時10:00〜19:00 休火曜（臨時休業あり）交JR富良野駅から徒歩5分 P10台

地元に根差した洋菓子店

富良野出身の加野さんが開いた小さなパティスリー。店名のトロンはフランス語で木の幹を意味し、疲れたときに休める切り株をイメージ。焼き菓子、プリンなど種類豊富で、季節の洋菓子も登場する。

ふらの牛乳と北海道産生クリームを使ったとろんシュークリーム180円

ニングルテラス

MAP P.126A-3
☎0167-22-1111
（新富良野プリンスホテル）

ニングルは倉本聰氏の著書『ニングル』に登場する、身長15cmほどの森の知恵者。森の中にクラフト作品を制作・販売する15棟のログハウスが並ぶ。

所富良野市中御料 時12:00～20:45（天候、季節により変動あり）休無休（11月にクローズ期間あり。店舗により不定休あり）交JR富良野駅から車で10分 P新富良野プリンスホテル利用390台

手作りクラフト

ニングルは森に棲む小さな妖精。
小さな家が並ぶ森を散策しながら
個性豊かなオリジナル作品を探そう。

ニングルチュチュ族
ニソル（雲）4200円（左）／
イセポ（うさぎ）4600円（右）
木の切り株にニングルをイメージ。アイヌ語の名前が付いている

Ａ 森の ろうそく屋
ロウで作った切り株など、自然をモチーフにしたユニークなろうそくが揃う。

木の子セット
480円
かわいらしいキノコのロウソク

ミニペア
1320円
陶器でできた台座付きの小さなペアのフクロウ

Ｂ ふくろう の家
店内はフクロウをかたどった陶器や木製の置物、絵などがぎっしり。

じねん（中）
3850円
木の穴の中に入ったフクロウ。顔が動かせる

ふくろう
大3300円
／小2200円
愛らしく表情豊かな大小の木製のフクロウ

ろうそく

ニングルの思いがこもった作品

フクロウ

いろいろな素材の
表情豊かなクラフト

木工芸

個性的で
かわいい
クラフト

鉄工芸

富良野・美瑛
[クラフト]

フェルト工芸

ニングルテラスの

木の枝や実を使っ
た表情豊かな人形。
楽器を演奏するさ
まざまな作品が揃
う。

チェロとバイオリン
1430円／1540円

楽器を持った人形や指揮者
もいるので集めて楽団に

ピアノ
3850円

ピアノにドングリが使われて
いる。木目や木肌が優しい

D 森の鍛冶屋

北海道に生息する
動物をモチーフに
した、鉄を素材に
した作品を販売。

キタキツネの栓抜き
各2200円

前足は缶飲料を開
けるときに、後ろ足
は栓抜き、ウエイト
にも

コギツネの箸置き
1650円

栓抜きよりも小さ
な箸置き。シルバ
ーもある

大雪山のナキウサギ
1270円

コロッとした鉄の質感
がかわいらしいナキウ
サギ

E 小鳥たちの家

鳥モチーフ作家ハルコウヤさん
の、野鳥を中心とした羊毛フェ
ルトのかわいい小鳥たち。オー
ダー制作も受け付けている。

居心地良い場所見つけた
小鳥たちの置物
2750円

カゴに入った鳥はモフモ
フやわらか羊毛フェルト。
取り出して手にのせれば
ふんわり癒やされる

小鳥たちのリース
2200円

直径10cmほどのか
わいいリース。小
鳥部分は抗菌アク
リル繊維でモフモ
フやわらか

居心地良い場所見つけた
鳥ブローチの壁掛け
シマエナガ 4620円

羊毛フェルトのシマエナガは、壁掛け
から外してブローチとして使うことも

大地の恵み

豊かな大地の恵みから生まれる
富良野と美瑛の名産品は
どれもおいしいものばかり！

素材の味が生きている

野菜や果物の

ゴロッと玉ねぎと骨付きチキンのスープカレー
410円
国産の鶏肉とタマネギを使用。本格的な味を手軽に楽しめる

ふらの饅頭
1000円
しっとりとした生地にはふらの牛乳を使用。「ふらの」のロゴが目印

北海道コーンドレッシング
270円
コーンのパッケージに入ったクリーミードレッシング

富良野ジャム
ハスカップ 864円（右）
キャロット 540円（左）
富良野のフルーツ、ベリー、野菜で作ったジャム

ヨーグルトソース
ハスカップ（左）897円
ブルーベリー（右）810円
ハスカップやブルーベリー果汁と甜菜（ビート）の蜜をブレンド

ふらのワイン
各770円（360ml）
富良野産セイベル種等のブドウで製造したワイン。ラベルに香り付き

フラノマルシェ アルジャン

MAP P.126A-2
☎0167-22-1001
所富良野市幸町13-1 時10:00～18:00（夏季は～19:00）休11月中旬 交JR富良野駅から徒歩7分 P131台

富良野

じゃがバターすいーとぽてと
1500円（5個入り）
インカのめざめと富良野産バター使用のスイートポテト

ふらのポテトチップス
158円
へそ踊りのイラストが富良野限定パッケージ。うすしお味

アイデア食品

美瑛素材を使った

丘のおかし 焼きとうきび
324円
醤油をかけたコーンをフリーズドライ。そのまま食べても、料理に使っても

びえいのラスク
845円
美瑛産小麦とバター、牛乳で作ったサクサクのラスク

丘のおかしあずき
378円
美瑛産の小豆を甘く煮た、フリーズドライ。上品な甘さが広がる

びえいの丘めし
302円
急速乾燥させたおにぎり。お湯か水を注ぐとおにぎりができる

美瑛選果

MAP P.126B-2
☎0166-92-4400
所美瑛町大町2 時9:00～18:00（時季により変動あり）休無休 交JR美瑛駅から徒歩10分 P66台

美瑛

ハスカップジャム
780円
美瑛産ハスカップのジャム。パンやヨーグルトに

びえい豚カレー
650円
美瑛産豚のウデ肉がゴロゴロ入ったレトルトカレー

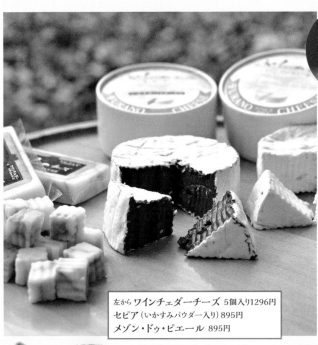

左から **ワインチェダーチーズ** 5個入り1296円
セピア（いかすみパウダー入り）895円
メゾン・ドゥ・ピエール 895円

富良野チーズ

ふらの牛乳から
造られるチーズ

富良野チーズの原料になるのは「ふらの牛乳」。富良野の広大な牧場で育つ牛のミルクを畜産家から集め、低温殺菌のノンホモジナイズで造られている。通常の牛乳は、高温による短時間の殺菌で脂肪球を細かく均質化するホモジナイズをし、クリームが浮くのを防いでいるが、ノンホモジナイズは65℃で30分かけてゆっくり殺菌。脂肪球が均質化されないため、牛乳本来の脂肪分やカルシウムがそのままの状態。そのため食べる餌や季節によ

り味も変わる。

富良野チーズ工房ではできたての「ふらの牛乳」を原料に、ふらの赤ワインの色と香りが付いた日本唯一の「ワインチェダーホワイト」や、ソフトチーズ「ホワイト」、イカスミパウダーが入った黒い色のカマンベールタイプ「セピア」、白カビタイプ「メゾン・ドゥ・ピエール」、ロ―ストしたタマネギを練り込んだ「たまねぎ（ゴーダタイプ）」、モッツァレラチーズなどが造られている。チーズ製造工程の見学も可能。

できたてチーズ ソフトクリーム
360円
ふらのチーズホワイトとふらの牛乳のもこもこのソフトクリーム

ふらの牛乳（ノンホモ低温殺菌牛乳）
180ml 124円
風味豊かな富良野のご当地牛乳。チーズ工房のショップで販売

バター作りなどの体験工房やピッツァ工房、アイスミルク工房を併設している

富良野・美瑛［大地の恵み］

富良野
富良野チーズ工房（ふらのちーずこうぼう）
MAP P.126A-3
☎0167-23-1156
所富良野市中五区 **時**9:00～17:00（11～3月は～16:00）**休**無休（施設整備休業あり）**交**JR富良野駅から車で10分 **P**120台

【セピアの工程】

1
固形分（カード）と水分（ホエー）に分離
牛乳にイカスミパウダーを入れカードとホエーに分離させる

2
ホエー排除
攪拌しながら水分のホエーを排出すると細かな塊状のカードが残る

3
型詰め
イカスミ色に染まったカードをチーズの形になる筒状の型に入れていく

4
反転
筒が入ったケースを回転機械に取り付け反転、塩漬け、カビ付けし熟成

北の玄関口はこうなっている！
新千歳空港 早わかり案内

北海道のゲートウェイで北海道の旅の集大成を！

新千歳空港
MAP P.5C-3 ☎0123-23-0111
みやげ物店やテイクアウトショップの多くは2階の出発ロビーに、グルメスポットは3階に集中。

Ⓐ 新千歳空港シアター
国内初のエアポートシアター。全スクリーンにゆったり座れる特別席を設置。
☎0123-46-4150
時 上映作品により異なる 休無休 料1800円

Ⓑ 雪ミク スカイタウン
等身大の雪ミク（初音ミク）を展示。
☎0123-45-0039
時 9:00～19:00（※休業延長や時短営業の可能性あり）休無休 料入館無料（シアターは有料）

Ⓒ 新千歳空港温泉
露天風呂やサウナ、マッサージもある。
☎0123-46-4126
時 10:00～翌9:00 休 年2回休み 料基本入浴1500円（館内着、バスタオル、フェイスタオル含む。朝風呂料金、深夜料金あり）

Ⓓ 北海道 ラーメン道場
北海道を代表する10店舗の人気ラーメン店が集まる。 ▶P.165

Ⓔ 市電通り食堂街
海鮮、スープカレーにバーなど、ジャンルもさまざま。 ▶P.165

Ⓕ ハローキティ ハッピーフライト
世界がテーマのハローキティのエンターテインメント施設。
☎0123-21-8115
時 10:00～18:00（ショップは～18:30）休無休 料入場800円

Ⓖ ドラえもん わくわくスカイパーク
ひみつ道具をテーマにした「パークゾーン」のほか、ショップやカフェも人気。
☎0123-46-3355
時 パークゾーン10:00～18:00、カフェ～17:00LO、ショップ～18:30 休無休 料パークゾーン入場800円

©藤子プロ・小学館・テレビ朝日・シンエイ・ADK

Ⓗ Royce' Chocolate World ロイズ チョコレート ワールド
工場やミュージアム、ショップがある、チョコレートのワンダーランド。
☎050-3786-3771
時 8:00～20:00（施設により異なる。時期により変動あり）（※時短営業の可能性あり）休無休 料見学無料

生チョコクロワッサン[オーレ] 270円

ロイズポップチョコ 184円

ドラミ ⓑたいやき ドラえもん ⓣたいやき 各250円～

Ⓘ 大空ミュージアム
航空機の模型展示ほか、実物大のタイヤの展示、お仕事体験ゾーンなどがある。
☎0123-45-0030
時 10:00～18:00 休無休 見学無料（フライトシミュレーターは1回100円）

© 2022 SANRIO CO., LTD. APPROVAL NO. SP630629

© Steiff 2022

Ⓙ シュタイフ ディスカバリー ウォーク
ドイツ・シュタイフ社のぬいぐるみと触れあえるミュージアム。
時 10:00～18:00 休無休 料見学無料

一大テーマパークのような充実度！

空港内フロアマップ

国内線ターミナルビル

オアシス・パーク 4F
温浴施設やカフェがあり、フライトの待ち時間もくつろげる。 Ⓑ Ⓐ Ⓒ

グルメ・ワールド 3F
ラーメンに海鮮、北海道の定番グルメが集合したグルメスポット。出発直前まで食べ歩きを楽しめる。 Ⓔ Ⓗ Ⓕ Ⓖ Ⓓ

フードコート 国際線

スマイル・ロード
国内線ターミナルビルと国際線ターミナルビルをつなぐ連絡施設。ショップとエンターテインメント施設がある。

どさんこ産直市場
道内の海産物・農産物を扱うショップが集まる一帯。

出発ロビー 2F

ショッピング・ワールド
道内メーカー直営のショップや総合みやげ店などがあり、おみやげ探しにもってこい。

到着ロビー 1F

バス・タクシー乗り場

JR乗り場 B1F

3F ラーメン店が10店舗
北海道ラーメン道場

焼きとうきびラーメン
1370円
中太ちぢれ麺とコクの
ある味噌スープ。焼きコー
ンの風味がいい
らーめん空
🕙 10:00〜20:00LO

焼豚味噌
コーンバターのせ
1130円
バラ肉の大きなチャー
シューがのった人気の味
噌ラーメンに美瑛のコー
ンとバターをトッピング

弟子屈ラーメン
🕙 9:00〜20:30LO

コーンバター拉麺
1280円
味噌ラーメンにコーンが
たっぷり。バターがスープ
に風味とコクをプラス。
札幌味噌拉麺専門店
けやき
🕙 9:00〜20:30LO

そのままえびしお
900円
甘エビの頭をたっぷり使
用した、エビのうま味にこ
だわったスープが特徴
えびそば一幻
🕙 10:00〜20:30LO

3F 北海道名物が集まる
市電通り食堂街

親子と他人の海珍丼
2780円（ミニ2480円）
新千歳空港限定メニュ
ー。海鮮や珍味など6
種類の具材がのった丼
味処 きくよ食堂
新千歳空港店
🕙 11:00〜20:30LO

函館グルメ回転寿司
函太郎
新千歳空港店
🕙 11:00〜20:15 LO

紅鮭すじこ握り
528円
特製醤油で漬けた紅
鮭のすじこがたっぷり

スープカレー lavi
新千歳空港店
🕙 10:30〜19:30 LO

チキンto野菜カレー
1460円
トマトの酸味と風味が
絶妙のスープ。チキンレ
ッグに野菜もたっぷり

食べて買って大満足！
北のグルメが一堂に

2F ここでしか買えない！
空港限定スイーツ

びえいのコーンぱん
5個入り
1300円
もちもちのパン生地の
中に甘くジューシーなス
イートコーンがたっぷり
JAびえい 美瑛選果

北海道ハスカップの
パフェ 500円
北海道産の甘酸っぱ
いハスカップとよつ
葉のヨーグルトを合
わせたパフェ
ミルク&パフェ
よつ葉ホワイト
コージ

カップシュー夢風船
1個 243円
シュー生地の中にマ
スカルポーネを混ぜ
込んだカスタードクリ
ーム入り
北菓楼

新千歳くうこうまんじゅう
6個入り 778円
店舗併設工房で蒸かしたつ
ぶ餡たっぷりの黒糖饅頭
わかさいも

三方六の小割
空港限定パッケージ
3本入り 390円
白樺の木肌をミルク×ホワ
イトチョコで表現したミニ
サイズのバウムクーヘン
柳月 三方六 studio

2F 北海道といえばコレ！
定番みやげ

白い恋人 18枚入り
1425円
ラング・ド・シャでチョコレー
トをサンドした王道スイーツ
ISHIYA

北のちいさなケーキ
ハスカップジュエリー
ホワイトバージョンMIX
10個入り 2800円
道産ハスカップのジャ
ムとバタークリームを
クッキーでサンドし、
チョコでコーティング
もりもと

マルセイバターケーキ
5個入り 730円
チョコガナッシュをバタ
ーの風味たっぷりのス
ポンジケーキでサンド
六花亭

クレーム・
ランヴェルセ
3個入り 1620円
小樽洋菓子舗
ルタオ

クレームブリュレのよう
な濃厚な風味。カスタ
ード味のとろけるプリン

バウムクーヘン妖精の森
（高さ6cm）
1944円
道産素材にこだ
わったしっとり系
バウムクーヘン
北菓楼

バッチリ😊 残念😓 で簡単！お得で便利に！

コレだけ
押さえれば大丈夫！

札幌 小樽 富良野 交通インフォメーション

1 飛行機

北海道へのアクセス

バッチリ😊 羽田からわずか 1時間30分で 北海道の玄関へ

時短、快適さで選ぶなら飛行機。北海道の玄関口、新千歳空港には国内各地20数カ所以上から毎日約180便ものフライトがあり利用しやすい。

残念😓 特に冬は天候不順による フライトキャンセルも

北国の北海道では、冬季は吹雪や強風によるフライトキャンセルが発生することがある。予定どおり飛ぶか、出発前に確認しよう。

北海道へは飛行機が最も早い。新幹線は新函館北斗駅まで約4時間となったが、札幌延伸はまだ先。車で行けるフェリー旅も人気が出ている。

稚内空港 ✈

オホーツク紋別空港 ✈

女満別空港 ✈

旭川空港 ✈

根室中標津空港 ✈

たんちょう釧路空港 ✈

新千歳空港（札幌）✈

羽田空港（東京）
1日7便 約1時間40分
JAL/ANA/ADO

とかち帯広空港 ✈

函館空港 ✈

羽田空港（東京）	中部空港（名古屋）	
1日53便 約1時間35分	**1日15便** 約1時間45分	
ANA/JAL/ADO/SKY	ANA/JAL/SKY/JJP/ADO/WAJ	
伊丹空港（大阪）	青森空港	
1日9便 約1時間50分	**1日5便** 45〜55分	
ANA/JAL	ANA/JAL	
関西空港（大阪）	新潟空港	小松空港
1日10便 約1時間55分	**1日4便** 約1時間10〜25分	**1日1便** 約1時間35分
ANA/JAL/APJ/JJP	ANA/JAL/APJ/JJP	ANA
富山空港	いわて花巻空港	茨城空港
1日1便 約1時間30分	**1日3便** 1時間	**1日2便** 約1時間30分
ANA	JAL	SKY
仙台空港	成田空港	広島空港
1日16便 約1時間15分	**1日19便** 1時間35〜50分	**1日2便** 約1時間55分
ANA/JAL/ADO/APJ/IBX	ANA/JAL/JJP/APJ/SJO	ANA/JAL
信州まつもと空港	秋田空港	岡山空港
1日1便 約1時間45分	**1日4便** 55分〜1時間5分	**1日1便** 約2時間
JAL/FDA	ANA/JAL	ANA
山形空港	富士山静岡空港	福岡空港
1日1便 約1時間15分	**1日2便** 約1時間40分	**1日5便** 約2時間20分
JAL/FDA	ANA/JAL/FDA	ANA/JAL/SKY/APJ
福島空港	神戸空港	那覇空港
1日1便 約1時間20分	**1日6便** 約1時間55分	**1日5便** 約3時間5分
ANA	ANA/ADO/SKY	ANA/APJ

バッチリ😊 LCCを利用すれば 1万円以下は当たり前！

成田、中部、関西空港からジェットスターなどのLCC（ローコストキャリア）がフライト。Peachは関西、仙台、成田、福岡、那覇空港から運航。片道運賃5000円前後で予約できることも！

残念😓 振り替え不可 荷物が有料の場合も

LCCは欠航の際に振り替えができない場合が多く、手荷物の預け入れや座席の指定が別料金になる場合も。

大人旅チョイス 飛行機とホテルが組み合わせ 自由なパッケージツアーを利用！

ANAやJAL、エアドゥの航空券と、ホテルの宿泊料金がセットになったパッケージツアーは、航空券とホテルを別々に購入するよりお得。各航空会社または旅行サイトなどから予約できる。オプションでレンタカーをセットにすることも可。

【主な航空会社】 ※はLCC

ANA	全日空
JAL	日本航空
ADO	エアドゥ
SKY	スカイマーク

FDA	フジドリームエアラインズ
APJ	Peach®
JJP	ジェットスター®
WAJ	エアアジア®
SJO	SPRING JAPAN®

※すべて2022年11月現在の情報。詳細は各航空会社に要問い合わせ

166

1 青森〜函館
料金 旅客のみスタンダード2660円｜**乗用車** 6m未満 1万8760円｜**時間** 3時間40分〜4時間｜**便数** 1日8便｜**船会社** 津軽海峡フェリー（青函フェリーもある）

3 大洗〜苫小牧
料金 旅客のみツーリスト9800円〜｜**乗用車** 5m未満 2万9700円〜｜**時間** 17時間〜19時間15分｜**便数** 1日1〜2便｜**船会社** 商船三井フェリー

5 秋田〜苫小牧東港
料金 旅客のみツーリストJ 5300円｜**乗用車** 5m未満 2万1100円｜**時間** 11時間｜**便数** 週6日各1日1便｜**船会社** 新日本海フェリー

6 名古屋（〜仙台）〜苫小牧
料金 旅客のみ2等・C寝台 仙台〜苫小牧9000円〜｜**乗用車** 5m未満 名古屋〜苫小牧（仙台経由）3万7000円・仙台〜苫小牧2万8600円｜**時間** 仙台〜苫小牧15時間20分｜**便数** 仙台〜苫小牧1日1便｜**船会社** 太平洋フェリー

7 新潟〜小樽
料金 旅客のみツーリストC 7500円｜**乗用車** 5m未満 2万4500円｜**時間** 16時間｜**便数** 週6日各1日1便｜**船会社** 新日本海フェリー

2 大間〜函館
料金 旅客のみスタンダード 2160円〜｜**乗用車** 6m未満 1万5000円〜｜**時間** 1時間30分（GW・夏季増便あり）｜**便数** 1日2便｜**船会社** 津軽海峡フェリー

4 八戸〜苫小牧
料金 旅客のみ2等 5600円｜**乗用車** 5m未満 2万7000円〜｜**時間** 7時間15分〜8時間30分｜**便数** 1日4便｜**船会社** 川崎近海汽船シルバーフェリー

2 フェリー

時間があればフェリー利用が断然お得。車が運べるうえ、クルーズ旅が楽しめる。

8 苫小牧東港〜敦賀
料金 旅客のみツーリストA 1万1100円｜**乗用車** 5m未満 3万5900円｜**時間** 20時間30分（直行便）｜**便数** 1日1便（直行便）｜**船会社** 新日本海フェリー

9 小樽〜舞鶴
料金 旅客のみツーリストA 1万1100円｜**乗用車** 5m未満 3万5900円｜**時間** 21時間｜**便数** 1日1便｜**船会社** 新日本海フェリー

※運航に関する詳細については、各船会社へ要問い合わせ

大人旅チョイス 新造船ニュー「きたかみ」で優雅な船旅を楽しむ
太平洋フェリーの、主に仙台〜苫小牧間を航路とする新造船ニュー「きたかみ」は、「SPACE TRAVEL」をコンセプトとした宇宙船のような船。客室はエコノミーな寝台から特等まで10タイプから選べ、ペットと一緒に宿泊できる部屋もある。

バッチリ 😊 船旅が楽しめマイカーで道内をドライブできる
車両を一緒に運ぶことができるので、道内をマイカーでドライブしたい人には特におすすめ。乗用車の料金に運転手1名が含まれるので、長く旅するならお得。

残念 😣 安いけどとにかく時間がかかる
首都圏から最も近い大洗港から苫小牧港まで、17時間〜19時間15分かかるうえ、1日1〜2便と本数も限られている。時間に余裕のある人向けだ。

---

3 新幹線、特急

新幹線に乗り、函館、洞爺湖、登別温泉など巡って札幌まで行く列車の旅もできる。

バッチリ 😊 新幹線なら約4時間で北の大地へ
北海道新幹線は青函トンネルを通って、東京〜新函館北斗間を結んでいる。お弁当を食べたり、外の景色を楽しんだりと、列車の旅を楽しめる。

東京から札幌へ

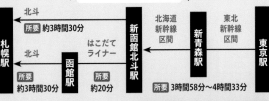

残念 😣 函館駅や札幌へは乗り換えが必要
新幹線の終点は新函館北斗駅。ここから観光の拠点となる函館駅までは、快速列車のはこだてライナーに乗り換えて約20分かかる。また、札幌へは特急列車の北斗に乗り換えて約3時間30分。

©JR北海道

空港でGetできる	空港駅に乗り入れ	町なかへ直結
レンタカー	JR快速エアポート	空港連絡バス

▶ P.169

新千歳空港／旭川空港から各エリアへのアクセス

北海道のメインゲートは新千歳空港だが、美瑛や富良野のみの観光なら、旭川空港利用で時短に。

ミッケ！ 😊 札幌へは便数が多くて速い快速エアポートが便利

新千歳空港駅から札幌経由で小樽まで行くJR快速エアポートが、札幌へ最短でアクセス。席を指定できるuシート（乗車券＋530円）もある。

残念 😔 大通公園やすすきのへは地下鉄やタクシーを利用

快速エアポートは、日中は15分間隔、早朝や夜は20分間隔。札幌駅から離れた場所へは下車後、地下鉄やタクシーを利用。空港連絡バスはすすきの行きがある。

大人旅チョイス ラクして効率よく移動できるレール＆レンタカーきっぷ

広い北海道では、長距離の移動は電車でラクに、駅から行きたい場所へはレンタカー利用が便利。JRと駅レンタカーを組み合わせることで、運賃もレンタカー代もお得になる。詳しくはJR駅レンタカーのウエブサイトにて。

旭川空港は主にこの2種類

🚗 空港でGetできる レンタカー ▶ P.169
🚌 町なかへ直行 空港専用バス

新千歳空港からのアクセス

小樽

🚈 JR
快速エアポート
所要 33分（空港から1時間15分）
料金 750円（空港から1910円）

🚌 バス
高速おたる号
所要 1時間10分
料金 680円

🚗 レンタカー
所要 約40km／約50分

札幌

🚈 JR
快速エアポート
所要 37分
料金 1150円

🚌 バス
空港連絡バス
所要 1時間20分
料金 1100円

🚗 レンタカー
所要 約50km／約1時間10分

新千歳空港

旭川空港からのアクセス

旭川駅

🚌 バス
空港専用バス
所要 30〜40分
運賃 750円

🚗 レンタカー
所要 約17km／約17分

旭川空港

富良野駅	**中富良野**	**上富良野**	**美瑛駅**	
🚌 バス（ラベンダー号）	🚌 バス（ラベンダー号）	🚌 バス（ラベンダー号）	🚌 バス（ラベンダー号）	🚌 バス（ラベンダー号）
所要 14分 料金 旭川空港〜富良野790円	所要 12分	所要 20分	所要 16分	
🚗 レンタカー	🚗 レンタカー	🚗 レンタカー	🚗 レンタカー	
所要 約8km／約10分	所要 約9km／約10分	所要 約17km／約18分	所要 約11km／約12分	

旭山動物園へのアクセス＆お得なセット券

新千歳空港

約191km

Ⓐ JR特急 カムイ・ライラック
約1時間25分

Ⓑ 高速あさひかわ号
約2時間25分

JR札幌駅

JR旭川駅
旭川電気軌道バス 40分
🚗 約17km
🚗 国道12号・道央道（札幌IC〜旭川北IC）・道道37号経由
約152km

旭山動物園
🚌 旭川電気軌道バス／35分
🚗 道道37号経由／約13km

旭川空港

Ⓐ JR＋入園料パッケージ 旭山動物園きっぷ

札幌〜旭川の往復特急列車普通車自由席、旭川駅前〜旭山動物園の旭川電気軌道バス往復乗車券、旭山動物園の入園券のセット。
☎ 011-222-7111（JR北海道電話案内センター）
料 6740円（札幌駅発）

Ⓑ バス＋入園料パッケージ 旭山動物園往復バスセット券

札幌〜旭川の高速バスの往復乗車券、旭川駅〜旭山動物園の旭川電気軌道バス往復乗車券、旭山動物園の入園券のセット。
☎ 0570-200-600（中央バス札幌ターミナル）
料 5200円

札幌から旭川へのアクセス

旭川駅

🚈 JR 特急カムイ・ライラック
所要 1時間25分

🚌 バス
高速あさひかわ号
所要 2時間25分

🚗 レンタカー
所要 約140km／約2時間20分

札幌

1 レンタカー

札幌 小樽 富良野間の主要アクセス

移動手段は主にレンタカー、電車、都市間バスからセレクト。目的により使い分けよう。

バッチリ 😊 自由自在に動けて時間も効率的に使える

空港で借りてすぐに行動でき、荷物を持って歩くわずらわしさもない。レンタカーの車種もリーズナブルな軽やワゴン、キャンピングカーなどバラエティに富んでいて、用途に合わせて選べる。

残念 😧 札幌や小樽の市街では駐車料金や満車に注意

都市部では駐車場探しが必要なうえ、長時間の駐車は利用料金がかさむ。便利な場所は満車のことが多い場合もある。

北海道のドライブ 残念 ネタ3

1 直線道路がありすぎる！

直線道路が多く、さらに郊外に出ると信号が少ない。ついスピードが出てしまうので要注意。

2 動物の飛び出しに注意！

エゾシカが道路に飛び出し、車と衝突する事故が多い。特に早朝や夕暮れの運転は慎重に。

3 ガソリンスタンドが少ない！

こまめにガソリンの給油を心がけよう。数十キロにわたりガソリンスタンドがないこともある。

道内主要エリア間の距離・所要時間

── 国道　＝＝＝ 高速道路　……… 道道 ＊途中道道になる　N

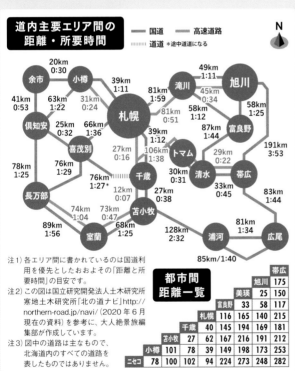

注1）各エリア間に書かれているのは国道利用を優先したおおよその「距離と所要時間」の目安です。

注2）この図は国立研究開発法人土木研究所寒地土木研究所「北の道ナビ」http://northern-road.jp/navi/（2020年6月現在の資料）を参考に、大人絶景旅編集部が作成しています。

注3）図中の道路は主なもので、北海道内のすべての道路を表したものではありません。

都市間距離一覧

	ニセコ	小樽	苫小牧	千歳	札幌	富良野	美瑛	旭川	帯広
帯広									
旭川									175
美瑛								25	150
富良野							33	58	117
札幌						116	165	140	215
千歳					40	145	194	169	181
苫小牧				27	62	167	216	191	212
小樽			101	78	39	149	198	169	253
ニセコ		78	100	102	94	224	273	248	282

大人旅チョイス 乗り捨てというチョイスも

レンタカーは借りた場所と返す場所を選べる乗り捨てプランがある。周遊スケジュールでは、乗り捨てを上手に利用することで時間を有効に使える。料金もエリア内なら無料の場合が多い。

新千歳空港	
札幌駅／小樽駅（各駅前店）	旭川空港
0円	5500円

レンタカー料金のしくみ

レンタカーは車種による基本料金と、チャイルドシートなどのオプション料金、免責補償制度などにより料金が決まる。カーナビ、ETCは通常、標準装備。スタッドレスタイヤなど冬装備のオプションもある。

車種基本料金
＋
オプション料金
＋
保険・補償内容
＋
乗り捨て料金

バッチリ 😊 お気に入りの車種はできるだけ早く予約を

ハイシーズンはレンタカーの予約が取りにくくなるうえ、エコノミーな車種から予約で埋まる。早めの予約で早割や割引キャンペーンを利用しよう。

残念 😧 夏季ハイシーズンは通常料金の5割増し

北海道のハイシーズンにあたる7〜8月は、他の都府県にはない北海道夏季料金が適用され、割増料金となる。レンタカー付き旅行商品などの検討も。

バッチリ 陸路では最も早く 車窓からの景色も 楽しめる!

移動時間はバスよりも早く、レンタカーのように運転する必要もない電車の旅。のんびりお弁当を食べながら、車窓からの景色も楽しめるのが魅力。

残念 駅から徒歩で行ける 観光スポットが少ない!

北海道の場合、札幌や小樽の都市を除き、駅から徒歩で行ける観光スポットが少ない。したがって、降りた駅からバスやタクシーを利用しなくてはならない。

|| お得なきっぷ ||

周遊なら 北海道フリーパス

道内をあちこち巡るのに便利。JR北海道は在来線全線とジェイ・アール北海道バス（一部区間を除く）が7日間乗り放題。特急列車・普通・快速列車の普通車自由席乗り放題、普通車指定席も6回まで利用できる。

料金 2万7430円
有効期間 7日間（4月27日～5月6日、8月10日～19日、12月28日～1月6日は利用不可）

札幌近郊 一日散歩きっぷ

札幌、小樽の近郊から南は長万部や室蘭、東は十勝の新得などの広範囲をカバーしている。フリーエリア内の普通列車・快速列車の自由席に、1日自由に乗り降りできる。土・日曜、祝日のみ。特急列車は利用不可。発売箇所及び季節限定の発売。

料金 2540円（利用日当日のみ発売）
有効期間 利用当日のみ

富良野エリア 道北一日散歩きっぷ

旭川を中心に富良野、上川、美唄、名寄や留萌方面をカバー。フリーエリア内の普通列車・快速列車の自由席に1日間自由に乗り降りできる。土・日曜、祝日のみ。特急列車は利用不可。発売箇所および季節限定の発売。

料金 2540円（利用日当日のみ発売）
有効期間 利用当日のみ

往復割引 乗車券往復割引きっぷ

乗車券タイプの往復割引きっぷ。別に特急券等を買うと特急列車等にも乗れる。

料金 札幌～登別3790円、札幌市内～函館9860円、札幌市内～釧路1万1590円など。
有効期間 6日間

※詳細はJR北海道ウエブサイトで要確認

---

2 電車

移動時間が決まっている鉄道はプランが立てやすい。札幌から小樽や旭川は便数が多く利用しやすい。

[札幌・小樽・富良野の電車での移動時間]

	快速 エアポート 約33分	札幌	特急カムイ・ライラック 約1時間25分	旭川
小樽				
函館本線 約24分 ↓		特急北斗 約32分 ↓		富良野線 約32分 ↓
余市		南千歳		美瑛
函館本線 約49分 ↓		特急北斗 約42分 ↓		富良野線 約16分 ↓
倶知安		登別		上富良野
函館本線 約15分 ↓		特急北斗 約39分 ↓		富良野線 約8分 ↓
ニセコ		洞爺		中富良野

登別温泉へは駅からバスか車で15分
洞爺湖温泉へは駅からバスか車で20分

富良野線 約10分 ↓
富良野

移動時間

日本最北端の地へ
所要 札幌から約5時間10分 — 稚内

流氷観光の拠点
所要 札幌から約5時間30分 — 網走

札幌の中心 大通公園
所要 約3時間40分 — 旭川

道北エリア
所要 約3時間 — 北見

道東エリア
所要 札幌から約4時間 — 釧路
広大な釧路湿原

帯広
所要 札幌から約2時間30分

道央エリア

新千歳空港 南千歳 苫小牧 東室蘭

道南エリア

函館
木古内
至新青森

函館山からの夜景
所要 札幌から約3時間30分

年末年始と夏季は早めの予約がベスト

大人旅チョイス 田園風景の中を走る 富良野・美瑛ノロッコ号

夏季に旭川または美瑛駅～富良野駅間を運行する観光列車。車窓から十勝岳連峰や美瑛の丘風景、ラベンダー畑などを眺められる。例年、ファーム富田から徒歩7分のラベンダー畑駅も停車する。

※詳しくはJR北海道のウエブサイトにて

©JR北海道

3 都市間バス

広い北海道の都市と都市を結ぶ長距離バス。鉄道より時間はかかるが、値段は安く快適。

ドッチク 😊 一番安い移動手段 シートもゆったりで快適

長距離ルートでは、シートはゆったり、トイレ付きで、電源付きやWi-Fiが無料のバスもある。往復割引もあり。積丹やニセコの温泉地にもダイレクト行けて便利。

残念 😥 予約ができない便は 並んで待たないと乗れない

所要時間がかかるのと、渋滞があると時刻表のとおりには到着しない。非予約路線は、ハイシーズンは席の確保ができない場合も。

札幌・小樽・富良野エリアの 都市間バス

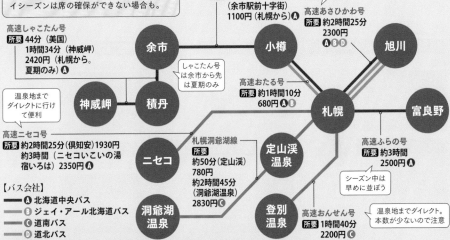

高速しゃこたん号
[所要] 32分
(余市駅前十字街)
1100円 (札幌から) Ⓐ

人気路線!
高速あさひかわ号
[所要] 約2時間25分
2300円
ⒶⒷⒹ

高速しゃこたん号
[所要] 44分 (美国)
1時間34分 (神威岬)
2420円 (札幌から。
夏期のみ) Ⓐ

しゃこたん号は余市から先は夏期のみ

高速おたる号
[所要] 約1時間10分
680円 ⒶⒷ

温泉地までダイレクトに行けて便利

高速ニセコ号
[所要] 約2時間25分(倶知安)1930円
約3時間 (ニセコいこいの湯
宿いろは) 2350円 Ⓐ

札幌洞爺湖線
[所要]
約50分(定山渓)
780円
約2時間45分
(洞爺湖温泉)
2830円 Ⓒ

高速ふらの号
[所要] 約3時間
2500円 Ⓐ

シーズン中は早めに並ぼう

高速おんせん号
[所要] 1時間40分
2200円 Ⓒ

温泉地までダイレクト。本数が少ないので注意

【バス会社】

━━ Ⓐ 北海道中央バス
─── Ⓑ ジェイ・アール北海道バス
 Ⓒ 道南バス
 Ⓓ 道北バス

大人旅チョイス 定期観光バスで 気軽に日帰り旅

札幌発着で日帰りの定期観光バスが運行。ルートも多彩で値段も手頃だ。予約制なので事前にウエブサイトなどでチェックしよう。

札幌発 ふらの・びえい 四季物語コース
[所要] 約10時間30分

- 札幌駅前バスターミナル
- カンパーナ六花亭(見学)
- 新富良野プリンスホテル・風のガーデン(見学)
- ファーム富田(見学)
- 四季彩の丘(見学)
- ケンとメリーの木ほか(車窓)
- サッポロファクトリー(降車可)
- 札幌市時計台(降車可)
- 札幌駅前バスターミナル

札幌・小樽発 絶景 積丹コース
[所要] 約10時間20分

- 札幌駅前バスターミナル
- 小樽駅前バスターミナル(乗車可)
- 余市道の駅(見学)
- 田中酒造
- 島武意海岸(見学)
- 神威岬(見学)
- 小樽駅前バスターミナル(降車可)
- 札幌駅前バスターミナル

札幌発 旭山動物園 日帰りコース
[所要] 8時間45分

- 札幌駅前バスターミナル
- 旭山動物園(滞在3時間35分)
- サッポロファクトリー
- 札幌市時計台
- 札幌駅前バスターミナル

※2022年11月現在、定期観光バスは運休中。運行開始はウエブサイトなどで要確認

問い合わせ 北海道中央バス ☎0570-200-600 URL teikan.chuo-bus.co.jp

都市間バスの 利用方法

1 乗車券の購入方法

上記の都市間バスは基本的に予約不要なので、以下の乗車券売り場に行って直接購入する。往復で利用するなら往復券を購入した方がお得。乗車は先着順なので、人気路線は早めに行って並ぶ必要がある。

- ●札幌駅前バスターミナル窓口
- ●中央バス札幌ターミナル窓口

2 札幌の乗り場

乗り場は札幌駅前ターミナルのほか、中央バスは中央バス札幌ターミナルからも乗車できる。

札幌駅前ターミナル
🚏JR札幌駅直結の札幌エスタビル1F

中央バス札幌ターミナル
🚏地下鉄バスセンター前駅2番出口から徒歩3分、または大通駅31番出口から徒歩5分

札幌 小樽 富良野 歳時記

そのときにしか
出合えない絶景があります

季節の訪れを告げる代表的なイベントをチェックして
出かけよう。海の幸、山の幸も旬を逃さないように!

3月

まだまだ寒い日が続くが、氷点下になる日は減ってくる。下旬になると雪解けが始まる。

さっぽろホワイトイルミネーション
札幌

11月下旬〜
3月中旬

大通会場にはイルミネーションのオブジェが設置され、駅前通の街路樹には電飾がともる。

ペンギンの散歩
旭川

12月下旬〜
3月中旬

旭山動物園では期間中毎日2回、ペンギンの散歩を実施。約500mを30分かけて歩く。

2月

各地で冬のビッグイベントが開催される。ただし寒さは厳しく、日中でも0℃を下回る日が多い。

さっぽろ雪まつり
札幌

2月上旬〜中旬

北海道を代表する冬の祭典。大通公園の各丁目ごとに見事な大雪像が立てられる。

第71回ウポポイ(民族共生象徴空間)
©HTB

小樽雪あかりの路
小樽

2月上旬〜中旬

冬の運河や街にろうそくの明かりが揺らめく。小樽運河には浮き玉キャンドルが浮かぶ。

1月

一年で最も寒い月。最低気温が−15℃を下回る日も。スキーなどウィンタースポーツが盛んに。

雪灯路(ゆきとうろ)
定山渓温泉

1月下旬〜
2月上旬

定山渓神社を舞台に、無数のスノーキャンドルによる幻想的な明かりが冬の温泉街を彩る。

千歳・支笏湖氷濤まつり
支笏湖温泉

1月下旬〜
2月中旬

支笏湖の湖水を吹きかけて凍らせた大小さまざまなオブジェが並ぶ。夜はライトアップ。

9月

ジャガイモやトウモロコシの収穫、サンマやサケ漁が最盛期を迎える。旬の味覚を存分に楽しみたい。

サンマ
の旬は
7月〜9月頃

タマネギ
の旬は
9月〜10月頃

さっぽろオータムフェスト
札幌

9月上旬〜下旬

北海道の食が一堂に集まる大イベント。大通公園の各丁目に、ラーメンやバーなどが出店される。

8月

北海道の夏は短い。観光シーズンは最盛期を迎え、気温が30℃を超える猛暑日になることもある。

ジャガイモ
の旬は
7月〜10月頃

トウモロコシ
の旬は
8月〜9月頃

すすきの祭り
札幌

8月上旬

すすきの交差点から南6条までの駅前通りが歩行者天国になり神輿や花魁道中が行われる。

7月

最も快適な季節。ラベンダーほか花々が咲き揃う最盛期を迎え、ガーデンは観光客でにぎわう。

さっぽろ夏まつり
札幌

7月下旬〜
8月中旬

さっぽろ大通ビアガーデンは日本の四大ビールメーカーのビールが飲める日本最大級のビアガーデン。

北海へそ祭り
富良野

7月28日・29日

北海道の中心に位置する富良野の夏の風物詩。腹に顔を描いて、踊りながらパレードする。

北海道のベストシーズンは7～8月。札幌、小樽、富良野エリアでは平均気温19～22℃前後のさわやかな夏を満喫できる。ガーデンの花が見頃となるのもこの時季。特にラベンダーは、7月上旬～下旬がベストシーズンだ。食べ物では、小樽や積丹半島のウニ、富良野のメロンなどが旬を迎える。

▼予約は早めに

北海道の夏は短く、ハイシーズンは夏休みも重なることから、飛行機のチケットやレンタカー、宿の予約などが取りにくくなる。出発日が決まったら早めの予約が大事。ビッグイベントを見に行く場合もまずは足と宿を確保したい。

連休を除けば、2月下旬～6月上旬、10～11月はオフシーズン。建物見学やグルメに重点を置くならオススメだ。

6月

初夏の訪れを感じる季節。最高気温が20℃前後になる日も増え、ガーデンの花々も次々開花。

ウニ、メロン
の旬は
6～8月頃
（日本海のウニ）

YOSAKOIソーラン祭り
札幌

6月
上旬

市内各所の会場で、全国各地からの参加チームが踊りを披露する。大通公園のパレードは必見。

5月

シバザクラやライラックなど春を告げる花が咲き、中旬になると札幌でも桜が開花する。

アスパラガス
の旬は
5月中旬～6月

さっぽろライラックまつり
札幌

5月
下旬

大通公園と川下公園で開催。メインの大通会場ではライラックカフェテラスも楽しめる。

4月

下旬には雪の下から春を知らせるフキノトウが出てくる。日差しが強くなり暖かさも感じられる。

シャコの旬は
4月下旬～6月下旬
10月中旬～12月上旬

洞爺湖ロングラン花火大会
洞爺湖

7月1日～
10月31日

夏から秋までの長期にわたり、毎日20:45～21:05にかけて、約450発の花火が打ち上げられる。

12月

雪が積もり一面銀世界に。イルミネーションが点灯しロマンチックな雰囲気に包まれる。

モエレのホワイトクリスマス
札幌

12月
中旬

モエレ沼公園のガラスのピラミッドで、ジャズやクラシックなどのコンサートが行われる。

余市ゆき物語
余市

11月～
2月中旬

JR余市駅周辺を彩るイルミネーションはウイスキーの町らしい琥珀色に輝き幻想的。

11月

秋から冬へ向かい、峠では積雪もある。タイヤ交換などの冬の準備。一日中、暖房が必要となる。

ホッケ、サケ
の旬は
9～11月頃

ミュンヘン・クリスマス市 in Sapporo
札幌

11月下旬～
12月下旬

ドイツ、ミュンヘンのクリスマス市にちなみ、姉妹提携都市の札幌で開催されるイベント。

10月

北海道の紅葉の見頃は短いので注意。山岳部から紅葉が始まると、冬は駆け足でやってくる。

シシャモ
の旬は
10月下旬～11月

紅葉かっぱバス
定山渓温泉

10月
1～21日

地元ガイドが紅葉スポットを案内。アイヌ文化の資料館への立ち寄りなど、盛りだくさんな内容のバスツアー。

※2022年11月現在の情報。2023年の開催は延期や中止となる場合あり

【食べる】

【見る】

【祭り・イベント】

【買う】

日本の美をたずねて

大人
絶景旅

札幌 小樽 富良野 旭山動物園

'23 - '24年版

おとなぜっけいたび
大人絶景旅

さっぽろ おたる ふらの あさひやまどうぶつえん
札幌 小樽 富良野 旭山動物園 '23-'24年版

2023年1月30日　改訂2版第1刷発行

編　著　朝日新聞出版

発行者　片桐圭子

発行所　朝日新聞出版
　　　　〒104-8011　東京都中央区築地5-3-2
　　　　（お問い合わせ）infojitsuyo@asahi.com

印刷所　大日本印刷株式会社

STAFF

編集制作	有限会社グルーポ ピコ
取材・執筆	有限会社グルーポ ピコ
撮影	武居台三（有限会社グルーポ ピコ）
写真協力	北海道観光振興機構 ケイプラン【菊地晴夫写真事務所】 守谷光代 坂上大岳 関係各市町村観光課 関係諸施設 PIXTA Shutterstock
表紙デザイン	bitter design 矢部あずさ
本文デザイン	bitter design 矢部あずさ 岡澤輝美
地図制作	s-map
イラスト	岡本倫幸
組版・印刷	大日本印刷株式会社
企画・編集	朝日新聞出版 白方美樹